競輪選手

博打の駒として生きる

武田豊樹

JN166711

角川新書

プロローグ――人生の縮図が詰まった「昭和的な世界」、それが競輪

ファンは博打の駒である選手にお金を賭ける

1着賞金1億円、2着賞金2000万円――。

これは、毎年12月30日に開催される競輪界最高峰のレース「KEIRINグランプリ」（以下、グランプリ）の賞金額です。1着と2着にはあまりに大きな賞金額の差がありますが（上位から順に賞金額が変わり、最後の順位である9着は500万円）、この8000万円の差はわずか1センチで明暗がわかれるシビアなもの。実際、僕自身にも経験があるのですが、ゴール線に到達した1着と2着の差があまりに微差ゆえに、走っている当事者でも勝敗がわからないことがあるほどです。

いまから10年前、2009年のグランプリ（京王閣《けいおうかく》）で僕は、まさに〝夢〟を摑《つか》みかけていました。一緒にラインを組んで前を走ってくれた平原康多《ひらはらこうた》君（埼玉87期）の頑張りもあり、僕にとって最高の展開に恵まれました。レース中もよくまわりが見えていて、それこそ真後ろにいる別線（敵となる）の選手の動きも冷静に判断できていた。

冬の冷たい風のなか、最終の4コーナーを過ぎて先頭を走っていた僕は、最後の力を振り絞ってゴール線を駆け抜けるだけでした。その先に、競輪界の〝頂〟が見えた瞬間です。しかし、勝負の世界は甘くありません。後ろから猛追してきた海老根恵太《えびねけいた》君（千葉86期）が大外から捲《まく》ってきて、ゴール寸前で並ばれてしまったのです。

そして、ハンドルを目一杯に投げてゴール線へ。

そのとき僕は内側のコースを走っていたので、大外から捲ってきた海老根君のことを、右を向いて一瞬「見た」と思います。たしかに、9番車・紫のユニフォームをこの目でとらえました。ゴール線を過ぎて海老根君は小さくガッツポーズをつくっています。僕自身も「勝った」という確信が得られず、勝敗の行方は写真判定に持ち込まれることに。

写真判定に要する時間はたったの数分程度なのに、とてつもなく長い時間に感じられます。

1年を締めくくる大勝負の結末に、場内は歓声や怒号、ため息が入り交じった異様な空間と化している。ただ、僕と海老根君だけは、おそらく自分の心臓の鼓動しか聞こえない状況だったはずです。場内の声はとても遠くからの声に感じて、自分の「ドク、ドク……」という心音だけが聞こえている。それはなんとも言えない、不思議な感覚でした。ただただ、天に祈る思いで決定の瞬間を待つことしかできなかった。

「決定！　1着9番・海老根恵太。2着8番・武田豊樹《たけだとよき》……」

競輪の女神は微笑みませんでした。僕自身、持てる力をすべて出し切ったのですが、最後の最後で夢を摑み損ねてしまった。その1センチの勝負を制した選手と、1センチの勝負に泣く選手。そこにあった差は、一体なんなのでしょうか？

最後の直線に入るまでのレース展開は完全に自分に向いていましたから、ほんのわずかな執念の差だったのかもしれません。もちろん、その執念というたったひとことでは済ませられないような金額の差ですが、それが競輪の勝負であり、グランプリなのでしょう。

そんな競輪は、日本のプロスポーツにおいて最大の選手数を誇っており、ピーク時には約

4300人、現在でも約2300人程度が「競輪選手」を生業《なりわい》にしています。大金が懸かったグランプリに出場できるのは、わずかに9人だけ。GIで優勝した選手や、選考委が特に認めた選手。また、賞金ランキング上位者が頂上決戦に出場することができる仕組みです。そして、グランプリを制した者は、同時にほとんどの場合がその年の賞金王に輝くことになります。

また、グランプリに出場した9人の選手は、S級S班というトップの階級で翌年のレースに挑めることにもなります。その9人は赤いレーサーパンツを穿《は》くことができ（女子選手を除くすべての男子選手は黒のレーサーパンツ）、なおかつ出場するレースには自動的にシード権が付くなど、年間を通して有利に戦っていくことができます。

ご存じの通り、競輪はギャンブルです。ですから、ファンは汗を流して得た大事なお金を〝博打の駒〟である競輪選手に賭《か》けています。一攫千金《いっかく》を夢見て大金をつぎ込む人、100円（車券が買える最低金額）で気楽に遊ぶ人、十人十色の賭け方でしょう。選手はそれらの人たちの期待を一身に背負って競走に挑むのですが、その期待とはつまり「お金」なのです。言ってみれば、人間の〝業〟を背負って走っているのが競輪選手であり、その競輪選手自身も着順によって決められた賞金を目指して命懸けの勝負をしています。

その勝負に勝つか負けるか――。

たった3分程度のレースに、たくさんの人の思い、人生が懸かっています。

そして、競輪とは非常に特殊な競技で特殊な世界です。

その他の公営競技である競馬、ボートレース、オートレースと比べて推理する要素が多く、選手数も非常に多い。公営競技でもっとも的中させるのが難しいとされています。ときに競輪は、「ギャンブルの終着駅」とも呼ばれるほど、ギャンブルファンのなかでも一目置かれています。それはただ難解だからという理由ではなく、難解だからこそ一度覚えてしまったら引き返せないという意味合いも多分に含まれているのだと思います。

人が体を鍛え、人が作戦を立て、人の力で走り、選手間における人の好き嫌いや、上下関係までがレース展開に反映されます。いわば競輪には、様々な人間模様が詰まっている。業界内では、「競輪は人生の縮図」とよく言いますが、まさにその言葉は的を射た言い方でしょう。そんな人生の縮図の〝攻略〟を追い求め、選手も車券を買ってくれるファンも、競輪が持つ奥深さにどっぷり浸《つ》かっているのです。いや、僕ら選手もファンも、憑《つ》かれているのかもしれません。その正体こそわかりませんが、なにかに憑かれているという気すらしてくるのです。そのなにかに憑かれてしまった限り、ここから抜け出すことはできないようです。

スピードスケート・オリンピック代表選手から競輪選手へ転向

ご挨拶《あいさつ》が遅れましたが、競輪選手の武田豊樹と申します。日本競輪選手会の茨城支部に所属しています。

かつて、スピードスケートの日本代表選手だった僕が競輪選手に転向したのは、29歳のときでした。競輪選手としてデビューしてから16年の歳月が流れ、年齢も今年で45歳になります。いまでは、スピードスケート時代の僕を覚えている人はもう少ないかもしれません。最近では、「スピードスケートから転向した競輪選手」という表現をされることも、めっきり減りました。

２００２年、スピードスケートの日本代表選手としてソルトレークシティオリンピックに出場し、結果は５００メートルで8位、１０００メートルで16位。表彰台に上がることこそ叶いませんでしたが、世界の舞台を経験できたのは、僕のスピードスケート人生におけるハイライトです。競走の場を競輪に移してからは、ＧⅠレース（日本選手権競輪、読売新聞社杯全日本選抜競輪、高松宮《たかまつのみや》記念杯競輪、寛仁親王牌《ともひとしんのうはい》・世界選手権記念トーナメント、オールスター競輪、朝日新聞社杯競輪祭《けいりんさい》がある）での優勝が7回。そして、前述のグランプリにはこれまで計10回出場し、14年には岸和田《きしわだ》競輪場で開催されたグランプリで優勝。同年の賞金王にも輝くことができました。それまで、グランプリでは2着が2回と苦杯を舐《な》めていただけに、1万２０００人の観客の地鳴りにも似た大歓声に包まれたシーンは忘れられません。

そして、16年の競輪選手生活で、約15億円の賞金を手にすることもできました。この15億円という通算獲得賞金額は、通算10人目（現役選手では４人目）となり、僕が競輪学校にいた88期の選手としては初の達成でした。

そんな僕のアスリート人生を客観的に見た多くの人からは、「武田君は才能に恵まれているよね」とか、「強運の持ち主だ」などと言われることがあります。でも、幼いころから運動神経が良かったわけではなく、中学校時代まではスピードスケートで飛び抜けた成績を残してもいませんでした。僕より可能性に満ちた子はたくさんいましたし、なんと言っても同世代には清水宏保《しみずひろやす》君（長野オリンピックで金メダルと銅メダルを獲得。ソルトレークシティオリンピックでも銀メダルを獲得した、スピードスケート界の元トップ選手）というスーパースターがいたのです。高校時代にこそ彼よりいい成績を残したこともありましたが、オリンピックという舞台での活躍に、天と地ほどの差があることは説明するまでもありません。

本編で詳しく述べますが、僕のこれまでの人生は挫折《ざせつ》も多く、いつも遠まわりをしてきました。結果もなかなか出ず、ひたすら練習に明け暮れた記憶しかない。スピードスケートで実業団にいた当時なども、課された練習以外に自分でメニューをつくり、誰よりも多く練習していないと不安でたまりませんでした。それでも結果がまったく出ず、もがき苦しむ日々。そして、競輪に転向してからも予期せぬ大怪我ばかりでした。デビューした開催では鎖骨《さこつ》骨折をして出鼻をくじかれ、17年には選手生命を脅かすような大怪我、骨盤《こつばん》骨折も経験しました。振り返れば、ターニングポイントになるような場面でも、思い通りにいかないことのほうが圧倒的に多かったように思います。

そんな僕は、普段から自分のことをあまり多く語らずに競輪選手生活を送ってきました。競輪ファンから見ても、どちらかと言えば寡黙《かもく》な印象があるかもしれない。そして、どこか意識的に極力メディアへの露出を控えてきたところもあります。プライベートな部分もほとんど語ってきませんでした。

もちろん、競輪選手としてデビューした当時はスピードスケートからの転向ということでそれなりにメディアでも話題になり、新聞、雑誌、テレビといった媒体からたくさんの取材を受けました。それはそれで本当にありがたいことなのですが、疑問に感じていたこともあったのです。

「短い取材時間と短い放送時間で、僕の本意はしっかり伝わっているのだろうか？」

とはいえ、他の選手と同じように競輪界のアピールになることには協力したいと日頃から思っています。競輪選手という職業はファンに車券を買っていただけることで成り立っているのですから、ファンサービスはしたいですし、なにより僕自身が競輪を心から愛しているからです。

そんなとき、時間をかけて自分の人生を本にしてくださるというお話を頂戴《ちょうだい》し、これまで自分が思ってきたことをはじめて語ってみようという気持ちになったのがこの本を執筆した経緯です。

施設の老朽化やファンの高齢化など問題を抱える競輪業界

さて、本編に入る前に、競輪をあまりご存じでない読者のみなさんに向けて、「競輪」のことについても簡単に紹介させてください。

競輪は、収益金の一部を戦後の復興資金に充てる名目で政府が自転車競技法を制定し、1948年に九州・小倉《こくら》で産声を上げました。いまでも年に一度、GⅠ・競輪祭が小倉競輪場で開催されるのはその経緯があってのことでしょう。当時は、控除率（いわゆるテラ銭）が低かったこともあって、競馬よりも徐々に人気が高まり、全国各地に次々と競輪場が建設されていきました。これまでに62場で運営されたことがある競輪は、もっとも売り上げが多かったころ2兆円産業までになった時代があります。その収益の一部は補助金というかたちで、各自治体のインフラ整備に多大な貢献をしただけでなく、医療機器や福祉車両をつくるために、または芸術の発展や、各NPO法人の運営などにも有意義に使われてきました。

競技的な視点で見ると、00年のシドニーオリンピックからは、競輪は「ケイリン」と名を変えオリンピックの正式種目にもなった。日本が生んだ世界のスポーツとしても親しまれています。

しかし、古くはエキサイトした観客が暴動事件を起こしてマスコミのバッシングを受けたり、競輪のメッカとされた後楽園《こうらくえん》競輪が73年に廃止になってしまったりと、70年の歴史のなかではネガティブな出来事があったことは否定できません。そして、徐々に人気に陰りを見せはじめたのは90年代になってから。現在では、競馬やボートレースに人気で引けを取り、年間の売り上げは6400億円程度にまで減少しています。いつしか競輪場も43場に減り、残っている競輪場も施設の老朽化やファンの高齢化など、多くの問題を抱えています。これから競輪界がどうなっていくのかには、ファンだけでなく選手も関心を示していますが、ほぼ毎日のように全国のどこかの競輪場でレースが開催され、ファンも選手も同様にその結果に一喜一憂しているわけです。

本書は、これまでの僕の半生だけでなく、競輪の醍醐味である駆け引きや仲間との絆、勝負感といったことにも言及していきます。スマートな生き方が称賛される現代社会においては、実に〝昭和的〟ですから、まったく競輪を知らない人はびっくりするかもしれません。

ただ、少しだけ俯瞰して考えてみると、この本を僕が書く理由にはちがう意味合いがあるようにも思えてきます。小さなころからスピードスケートで競走を重ね、競輪でも競走を繰り返してきた僕、武田豊樹という人間がなぜここまでレースをすることに固執して生きているのかということに答えを見出《みいだ》したいのかもしれません。いや、それだけではなく、人間はなぜ戦うのか、人間の強さや弱さとはなんなのかということをあらためて整理し、決して答えの出ることのない「人が生きる意味」を問いたいのかもしれない。

競輪というフィルターを通しての武田豊樹像、武田豊樹というフィルターを通しての競輪選手像――。そこから見えてくるものは、一体なにか？　僕自身も楽しみに筆を進めていきたいと思います。

武田豊樹

目次

第5章　絆で生きる

第1章　揺れ動く心

「頑張る」ことを知ってしまった北海道にある原点

１９７４年１月９日、僕は北海道のオホーツク海に面した斜里町《しゃりちょう》という場所に生まれました。記憶に新しい、平昌《ピョンチャン》オリンピックで活躍した女子カーリングのおかげで北見《きたみ》という町が有名になりましたが、斜里町は北見よりも少し北東に位置します。人口は１万１６００人程度で、鮭の水産が主体の田舎町。冬場は氷点下25度くらいになるし、僕の子ども時代を振り返ると、人間よりも動物の数のほうが多かったような印象すらあります。

そんな寒さの厳しい土地柄ですから、冬になると沼や湖が完全に凍って天然のスケートリンクになり、物心がついたときには僕も他の子たちと同様にスケート靴を履いていました。本州には同じ町にいくつも少年サッカーチームや少年野球チームがあるように、僕が住んでいた地域にはいくつもスケートチームがありました。僕がいたのは、「おじろスケートスポーツ少年団」。天然記念物の野鳥・オジロワシが名前の由来になっているこのチームこそが、僕のスケートの原点、いや、競輪選手としての原点です。

北海道では、帯広《おびひろ》を起点にして道東はスケートが盛んで、札幌《さっぽろ》のほうに向かうとスキーやジャンプが盛んになります。その中心にある帯広には、1年中練習のできる整備されたスケートリンクがありました。帯広以外であれば、釧路《くしろ》にもいいリンクがあったと記憶しています。どちらも斜里町からは車で4時間近くかかりますから、試合がある週末くらいしか行くことができません。平日は、少年団の親たちが整備してくれた濤沸湖《とうふつこ》の天然リンクに集まり、自前で設置したライトに照らされながら朝から晩まで滑っていました。

網走《あばしり》から小清水町《こしみずちょう》をまたぐ濤沸湖は、東京ドームが約200個入るほどの広大な湖。第一次南極観測隊が氷上寒地訓練を行ったほどの寒冷地ですが、それでも湖が凍るのはせいぜい11月から3月という限られた期間です。それ以外の時期は、屋内のスケートリンクがある釧路まで遠征するしかスピードスケートを練習する手段はないのです。僕の生まれ育った町は、決して練習環境に恵まれているとは言えませんでした。

しかし、斜里町にはひとつ大きな武器があった。斜里町出身の世界的なスケーター・江刺《えさし》忠《ただし》さんが少年団のコーチをしてくれていたのです。61年に全日本スピードスケート選手権のチャンピオンになった人で、世界大会でも活躍された名スケーターとして知られます。僕たち少年団は、幼いころからヨーロッパのトレーニング方法を取り入れた英才教育を受けられたということです。子どもにも手加減しない非常に厳しいコーチでしたが、最初に指導してもらったのが江刺さんだったというのは、とても幸運でした。

僕は周囲が想像するようなスポーツ万能タイプではなく、子どものころから特別に運動神経が良かったわけでもありません。ですから、とにかく練習するしかなかった。そう考えると、親やコーチがつくってくれた厳しい環境が、努力することやあきらめないことを教えてくれた、と考えるのが正解な気がします。

冬は朝から晩までスケート漬けの日々。夏は山道をランニングして、ローラースケートや自転車でのトレーニングをしていました。当時を振り返ると、「なぜあそこまで努力できたのかな?」と思うほどです。たった一度だけですが、練習が嫌で家出をしたこともありました。けれど、仲間たちと協力し合ってなんとか乗り切ることができた。やはり少年団が僕の原点だし、幼いころの段階でしっかりとした基本を学べたことがいまにつながっていることは事実です。

子どものころは、北海道の雄大な景色を美しいと感じる余裕もなく、ただただスケートの練習に励みました。子どもながらに自分の高め方が身についていましたし、小学生のころにはすでに、〝あること〟を知っていました。

それは、ひたすらに「頑張る」ということ。

僕、武田豊樹は、あの極限の寒さのなかの猛練習で「頑張る」ということを知ってしまったのでした。

自らを犠牲にしてくれた両親

これまでほとんど語ったことはないのですが、少しだけ家族についても触れておきます。

僕の父は公務員で、斜里町役場の建設部建設課で働いていました。とにかく僕のスケートに対してはスパルタな方針を持つ父で、週末の遠征にはほぼ確実に同行していました。休みの日に一緒に遊んでくれるような父ではないし、優しく見守ってくれるような父でもない。いわば、苦しいことをやらされる「怖い指導者」という存在でした。

僕には、家族でどこかへ旅行に出かけたというような普通の家族らしい思い出がまったくないのです。もちろんいまとなっては、厳しく育ててくれた父に心から感謝していますが、多感な時期にその思いをうまく伝えることはできなかった。そんなジレンマもあり、小学生、中学生と父のもとでスピードスケートに打ち込んでいた時代は、父の高い要求に応えられない自分にもどかしさを感じていました。

一方の母は、スピードスケートに厳しい父と僕の緩衝材《かんしょう》的な役割をしてくれていました。母はいたって普通の主婦で、僕が強制的にトレーニングをさせられているのをかわいそうに思っていた節もありました。父に甘えられないぶん、母には素直に甘え、ときにはわがままを言っていたかもしれません。でも、そんな僕のわがままをすべて聞いてくれる優しい人だった。母は僕のスピードスケートの費用を捻出するため、測量会社に働きに出てくれていました。ふたつ上の姉もスピードスケートをやっていましたから、とにかくお金が必要だったのです。

僕とちがって勉強家だった姉は中学でスピードスケートをあっさりやめましたが、僕のぶんだけでも十分過ぎるほど家計に負担がかかっていたことは想像するに難しくありません。姉と正反対な僕は、学校の勉強を得意としなかったので、ひたすら競技を続けるしか道はなかったのです。

寮生活をしていた高校時代のある日のことでした。記憶はどこかおぼろげですが、おそらくお盆かお正月で実家に戻っていたのだと思います。なにげなく机の引き出しを開けた瞬間、家計簿が入っているのを見つけてしまったことがありました。そこには家計費以外に僕のスケート専用の帳簿があって、月に10万円、20万円どころのレベルじゃない金額がびっしりと記帳されているではありませんか。その金額を見たときはかつてないほどの衝撃を受けました。それまでは、「新しいジャージがほしい」「靴がほしい」と言えば買ってもらえるものだと思っていた。でも、自分がいかにわがままだったかを知り、酷《ひど》く落ち込んだものです。大学に進学するより実業団に進もうと決意したのも、そのときでした。

公務員の家庭ですし、普通の生活をするだけならたいして困らなかったことでしょう。でも、僕のスピードスケートが家計を圧迫していたのはプロスポーツ選手になったいまだからこそよく理解することができます。僕はスピードスケートの世界大会にも出ていましたし、遠征費をはじめとして道を極めていくにはもの凄《すご》くお金がかかるのです。僕ひとりのせいで両親の人生はそうとう変わってしまった面があると思うと、複雑な気持ちになることが何度もありました。

スピードスケート部か自転車部か、で揺れる

子どものころから自転車のトレーニングが好きでした。

最初は、少年団の江刺コーチにトレーニング方法を教えてもらい、すぐにロードレースの大会にも出るようになりました。よく覚えているのは、スピードスケートが仕事で自転車が息抜きのように感じるくらい、自転車の練習にはまるでストレスがなかったこと。

中学生になると、自転車を専門でやっている選手たちよりも断然強くなっていて、18歳以下のロードレースの大会に出ても優勝するのがあたりまえになっていました。小学生のころは、ツール・ド・フランスの中継があるとテレビの前に釘《くぎ》づけに。『サイクルスポーツ』や『バイシクルクラブ』といった自転車雑誌は、中学生のころから今日にいたるまでずっと買い続けています。自転車が好きな気持ちは、あの時代からまったく変わっていないようです。

競輪に興味を持ったのは中学生のころ。スポーツ新聞に競輪の賞金ランキングトップ10が掲載される日が楽しみで、記事を切り抜いてはノートに貼っていた記憶があります。そんなマニアのようなことをしているくらいですから、当時の有名選手の名前はみんな知っていました。自宅で競輪中継が観られるわけではないのに、新聞の文字だけを見て頭のなかでレースを妄想していたというわけです。いまとなっては、我ながら本当に変わった子どもだったと実感します。

日に日にスケートよりも自転車への思いは強くなっていきました。ですから高校は、スケート推薦ではなく、自転車競技部の強い学法石川《いしかわ》高校（山崎芳仁《やまざきよしひと》君［福島88期］や佐藤慎太郎《さとうしんたろう》君［福島78期］ら競輪の名選手を輩出している名門）か、函館大谷《はこだておおたに》高校に行きたくて仕方なかった。現に僕のところには両校のスカウトもきていました。そこで思い切って両親に、「競輪選手になりたい」と言ってみたのです。しかし、家の近くには競輪場もなく、両親にとって競輪は〝ギャンブルの塊《かたまり》〟のようなイメージ。父は公務員という堅い職業ですから理解するのも難しかったはずですし、そんな世界を目指すことはとうてい受け入れるわけにはいかなかったのでしょう。にべもなく、反対されてしまいました。

なによりも両親は、僕をスピードスケートでオリンピックに行かせたいという思いが強かった。その熱意に勝てるほど、当時の僕はまだ自転車に対して本気ではなかったのかもしれません。

自転車のロードレースはオープンで華やかな世界に見えていましたが、どこか競輪には、「行ってはいけない場所」「怖い場所」のような漠然としたイメージが自分のなかにあったのも事実です。結局、親にすすめられるままに、釧路短期大学附属高校（現・武修館《ぶしゅうかん》高校）へと進学することになったのです。

学生時代を支えてくれた親友・高橋慶樹

高橋慶樹《たかはしけいじゅ》という同級生がいます。彼とは、幼稚園から高校までの15年をずっと一緒に過ごしました。少年団時代から練習パートナーでもあり、ライバルでもあり、大人になったいまでもよき親友。彼の父親もスピードスケートには熱心で、僕と慶樹が出る大会では必ず僕の父と一緒に応援席にいました。小さな町で同じ志を持った者同士。慶樹の家族とは、まさに身内も同然でした。

高校進学の際、自転車部の推薦での進学をあきらめた僕は、スケートで行くのなら白樺《しらかば》学園高校を希望していました。白樺学園高校は清水宏保君も通った伝統校で、北海道内の高校スケート界では、白樺学園高校と釧路短期大学附属高校がライバル関係にあった。それでも部員数や規模が全然ちがいましたし、「スピードスケートのエリート路線に進むのなら白樺学園高校だな」と内心では思っていました。しかし、「規模が大きな伝統校に進むよりも信用できる指導者にじっくり育ててもらいたい」というのが、僕と慶樹の両親が話し合って出した結論だったのです。

進学先も本当にやりたいことも選ばせてもらえなかった僕は、親が敷いたレールを進むことに少しモヤモヤした感情がありました。寮生活をしなければならないということもあり、親元を離れるのもはじめての経験でしたから、正直なところ最初はあまり釧路に行きたくなかった。そして、高校１年生の１年間は、人生で１、２を争う苦しい時間を過ごすことになるのです。

これまで経験したことのない寮生活にハードな練習、そして、理不尽な上下関係と無意味なしごき……。朝の体操は強制的に円の中心に入らされ、怖い先輩たちにグルッと囲まれた状態で体操の指揮をとらされます。それが、釧路短期大学附属高校スピードスケート部の１日のはじまり。そんな環境で、なんと１年生は僕と慶樹のたったふたりだったのです。１日のきつい練習が終わって寮に帰れば、掃除や洗いものといった雑用もすべて最下級生の仕事。朝起きてから寝るまで、まったく気が休まる瞬間がありません。ただでさえ親元を出てメンタルもうまく保てていないところに、覚えることと耐えることばかり。こと、上下関係に関しては、スケート界は本当に厳しかった。その厳しさは、競輪界の比ではありません。この１年間に比べたら、競輪学校の厳しさがかわいらしく思えるほどでした。

ただひとつの救いは、慶樹が一緒だったこと。彼がいなければ間違いなくやめていたところでした。当時の僕は、アスリートっぽく性格がきつくてガツガツしているタイプ。一方の慶樹は、頭脳派で包容力がありましたから僕の性格をよくわかったうえで付き合ってくれていたのでしょう。振り返れば、彼に負担をかけてしまったことも多かったはずです。本当に苦しい時期に、自分の理解者がそばにいてくれるかどうかは、人生において重要なことではないでしょうか。

思えば、スピードスケートの関係で修学旅行にすら行かせてもらえず、寮生活と練習の厳しさで女の子と付き合うこともできない。僕と慶樹の10代は、まったく青春らしさとは無縁でした。

それでもあまり人を羨《うらや》むことはなかった。きっと練習がきつ過ぎて、人と比べている余裕すらなかったのでしょう。

未来の盟友「小さな巨人」と呼ばれた清水宏保

僕も慶樹も、小学生になってからスピードスケートの北海道大会（全道大会）に出場するようになりました。当時の全道大会は、年に2回、阿寒町《あかんちょう》という北海道でもとくに寒い場所で行われていました。

そのなかで、むちゃくちゃ体が小さいのに、むちゃくちゃ速い選手がひとり目立っていました。とにかくその選手は異彩を放っていた。それが、清水宏保君でした。彼の父親もまたスパルタで、その親子関係は子どもの僕から見ても「自分の父以上に厳しいな……」と感じるほどでした。

はじめて話をしたのは、道内の選抜合宿のときだったはず。最初こそ、「負けたくない」という気持ちが邪魔して距離を置いていたものの、次第に彼の強さに惹《ひ》かれていった。「トレーニングはどうしている？」なんて会話から、だんだんと競技に関してのレベルの高い話までするようになっていきました。

小学生くらいだとまだタイムに極端な差は出ませんが、中学校、高校と進むにつれて、清水君の強さはぐんぐんと際立っていきます。

僕は、中学時代はそこまで飛び抜けた力はなく、全国大会でギリギリ入賞するかどうかのレベル。でも、高校に入ってからは一気にタイムが伸び、いつしか清水君と僕が北海道では突出した存在になっていくのです。僕の成績が伸びたのは、「どうにかして強くなってやろう」「強いところを倒してやろう」と、反骨精神が芽生えたことが要因だったと振り返ることができます。

それは、本当は自分も通いたかった白樺学園高校に対してのコンプレックスと、その白樺学園高校にいる清水君という存在が僕のやる気スイッチを押してくれたことに他なりません。ただのライバルというだけではなく、僕たちは私生活でも仲良くなり、お互いの家に泊まるほどの関係になっていました。

その後も順調に強くなり続けた清水君は、ついには世界新記録を樹立し、長野オリンピックで金メダルを獲得。言ってみれば、トップレベルのスケーターがほしいものはすべて手に入れた男です。一方、この後で詳しく書きますが、実業団に入ってからさっぱり成績が伸びなくなってしまった僕は、遠征費用を捻出するのが精一杯の生活。そんなとき、清水君はポルシェやフェラーリに乗って颯爽《さっそう》と練習場や試合会場に現れたことをよく覚えています。僕の反骨精神は折れ、嫉妬《しっと》心すらなく、清水君の活躍をただただ「凄いなあ」と思って見ていました。

実業団の強豪・王子製紙に就職

高校3年生になり、再び進路を決めるタイミングが訪れました。慶樹は日本体育大学、清水君は日本大学への進学を決めました。僕にも大学に行きたいという気持ちはあったのですが、大学進学にはお金がかかるし、「果たして大学の４年間が自分のためになるのかな？」という疑問もありました。僕にもいくつかの大学から推薦の話がきていましたが、心は決まっていた。

「もうこれ以上、親に金銭面で迷惑はかけられない」

働きながら練習に専念できるという面を重視して選んだのは、実業団の強豪・王子製紙《おうじせいし》。王子製紙は、アイスホッケーや野球部も名門ですが、スケート部からも宮部保範《みやべやすのり》さん（アルベールビルオリンピックで５００メートル５位入賞）、山本宏美《やまもとひろみ》さん（リレハンメルオリンピック５０００メートルで銅メダル）、堀井学《ほりいまなぶ》さん（リレハンメルオリンピック５００メートルで銅メダル）といった、オリンピック選手を数多く輩出しています。

苫小牧での寮生活は、高校時代よりも快適な環境になりました。寮生活にかかる費用や、社会保険などいろいろな費用を引かれても、手元に15万円くらいは残ったのではないでしょうか。第一に、親にかかる負担がなくなったということへの安堵感《あんど》があった。ただ、あくまでもスピードスケート漬けの日々には変わりありません。成人を前にしても、自分の自由になるお金が少し持てるようになっても、遊ぶことの楽しさはまだ全然理解できませんでした。

もちろん、スピードスケートだけをやっていたわけではありません。実業団の選手ですから、会社では「山林課」という部署に配属されました。午前中は山や森のなかに入って木々の成長をチェックしたり、社内に戻ってからは事務仕事をしたりもしました。一緒に働いている同僚は、40～50代の中年の人ばかり。2まわりも3まわりも年が離れていますから、かわいがってくれたものです。

でも、僕がやらせてもらえるのは雑用ばかりで、会社の仕事で自分がなにを頑張ればいいのかいまいちわからなかった。スピードスケートの厳しい練習にはいくらでも耐えられたけれど、会社員としてたいした戦力になっていないというもどかしさもあり、当時の僕は働くということをどこかで苦痛に感じていたのです。

実業団で味わった大スランプ

さらに僕を憂鬱《ゆううつ》にさせたのが、実業団に入って1シーズン目からまったく成績が伸びなくなってしまったこと。スピードスケートで実業団に入ったのに、それは致命的なものでした。

僕たちの世代は、世界記録を狙えるような日本人選手がゴロゴロいましたし、成長が止まった僕は、「オリンピックを目指す」などとは口に出せない状況に陥《おちい》っていたのです。王子製紙での同期は女子選手がひとりいただけ。よって、相談相手もいなくて、練習が終わればワンルームの部屋でひたすら挫《ざ》折《せつ》感と戦っていました。

練習環境はいいし、サボっているわけでもない。むしろ、遊びも覚えず練習ばかりしていたわけですから苦悩するしかなかった。いくら練習しても、一向にトンネルから抜け出すことができませんでした。

スランプの原因で考えられるのは、人の意見を聞き入れる素直さがなかったことかもしれません。「自分の考えだけでやろう」という思いあがりがあったのです。よく言えば自主性が強い選手と見ることもできますが、「いや、できる」「自分でできる」「自分の考えていることは間違ってない」というようなことをずっと自問自答していた感じでした。

体を動かすトレーニングにとどまらず、スランプを抜け出すために理論書や栄養学の本まで読み漁《あさ》りました。その努力は道を極めるためには大事なことだし、そうやってスランプを抜け出していく選手はたくさんいます。スポーツに限らずどんなことでも、殻を破って成長するためには「己を知る」ということが必要で、そのために自問自答を繰り返すのですから。

でも、自分だけでストイックに練習や勉強をし過ぎてしまうと、今度はだんだんと自分の信念だけに縛られていくという側面もあるのです。

僕は、ひたすらもがき苦しみました。清水君のように大学で同級生と厳しく楽しく競い合える環境だったらどんなに良かったかと、自分の置かれた状況を呪うこともありましたが、それでも「世界で戦える選手になりたい」という一心で練習に打ち込みました。

コーチに逆らうことはなかったけれど、与えられた練習をしたあとに、またさらに自分の考えていた理論や考えていた練習方法をずっと続けていました。ただ、僕の頑固な性格とストイックさは、すべてマイナスの方向に行ってしまったようです。王子製紙のトレーニングが数時間で終わる。全体練習が終わったあとの自分のトレーニングにまた2時間かける。ずっとそういう状態だったので、疲労もどんどん蓄積されていき、気がついたときにはまったく競走で勝てなくなっていたのです。

勝てない不安は、だんだんと将来への不安にもつながっていきます。スピードスケートが順調だったころでさえ、「スケートをやめたらどうなるだろう?」「オリンピックに出たとしても、その先にはなにがあるのだろう?」と、将来のビジョンは見えていなかった。そして、この大スランプ――。そんな状態になって湧きあがってくる思いは、むかしから抱いていた夢、「プロでやるなら競輪選手しかない」というものでした。

競輪選手へのラストチャンス

人生とは、なかなか思い通りにならないものです。

もし、スピードスケートの練習環境がいい帯広で生まれ育っていたらどうだったか？　清水君と同じ白樺学園高校に行っていたらどうだったか？　高校から自転車の道へ進んでいたらどうだったか？　もし、大学に進学していたら……？　そんな感情にとらわれながら、僕は当時、悶々《もんもん》とした日々を過ごしていました。

ここまで約20年ものあいだスピードスケートを続けてきても、「これが正解」という答えは見つかりませんでした。言い訳だとわかっていても、その裏には、いつもこんな思いがあったのかもしれません。「スケートは親が敷いたレールなんだ」、と。

そこで決断をくだすのです。

当時の競輪学校の入試条件は上限が23歳（24歳未満）でしたので、22歳になっていた僕にはタイムリミットが迫っていました。競輪学校の第83期生試験に願書を提出し、半年間は競輪の練習に励むことにしたのです。

「これは親の敷いたレールじゃない。競輪選手は、自分が選んだ道だ」

僕は、親にも相談せずに王子製紙を退職。「これがラストチャンス」と自分に言い聞かせ、後先も考えずに競輪選手を目指し突っ走ったのです。王子製紙での5年間で芽が出なかったスピードスケートとは決別する覚悟でした。スピードスケートはあくまでもアマチュア競技で、給料も賞金も少ない。これまでのキャリアを考えてみて、プロで稼ぐなら競輪しかなかったということも、僕を突っ走らせたひとつの要因でした。

でも、そこに神様はいませんでした。

競輪学校の試験も終わり、引っ越しの手続きも済んでいました。部屋には電話があるくらいで空っぽの状態。試験の結果を待ちながら、自転車のトレーニングを積んでいました。そして、1本の電話が鳴ります。

結果は、「不合格」。

「なぜ……」。競輪学校の試験に落ちるなんてこれっぽっちも考えていなかったこともあり、目の前は真っ暗になりました。自分自身だけでなく、なんとなく世の中を責めている自分もいました。なにもやりたくないというよりも、これでなにもやることがなくなってしまった。

将来のことを考え自発的に動いたのに、皮肉にも住むところもやることもすべて失ってしまったのです。子どものころからスピードスケートと自転車を全力でやってきたのに、これまでの自分の人生を全否定されたような思いが心のなかを支配しました。社会人を5年間やったにもかかわらず、海外転戦でお金を使い果たしていて預金額はほぼゼロの状態。そんな僕の姿を見て、両親も相当心配していたことでしょう。

ただ、僕の人生はここから大きく動きはじめていくのです。

窮地を救ってくれた橋本聖子先生からの電話

受験失敗から数日が経過し、失意のどん底にいた僕はいったん苫小牧に戻って王子製紙の寮の自室を片付けていました。隣国・韓国で競輪がプロ化されていたこともあり、「韓国にでも行ったら競輪選手になれるかな？　どうにか食っていけるかな？」。そんなことをぼんやりと考えるくらいしか、これから生きていくアイデアはありませんでした。

そんなとき、それまでまったく面識のなかったある人から連絡が入ります。元スピードスケート選手で、参議院議員の橋本聖子《はしもとせいこ》さんからの電話でした。

「武田君はこれからなにするの？　うちにきて仕事をやってみない？　わたしのところで秘書をやらない？」

スケート界から競輪選手を目指して、受験で失敗した子がいる。橋本さんは、そんな噂を誰かから聞きつけ、僕に声をかけてくれたのです。スピードスケートでも自転車でもオリンピックに出場している橋本さんだからこそ、どこかで僕にシンパシーを感じてくれたのかもしれません。

目標を失っていた僕にとっては、大変ありがたい話でした。「自分に秘書が務まるのか？」そんなネガティブなことを考えている状況ではなかったし、僕はその電話にこう答えました。

「いまの僕は、もうなにもやることがありません。お世話になりたいと思います」

そして２カ月後、本当にたったひとつのボストンバッグだけを担いで、東京・永田町に向かったのです。

北海道の田舎町から、大都会・東京の永田町へ――。それは、同じ国とは思えないような別世界。まさに、見るものすべてにカルチャーショックを受けました。政治家しか入れない場所に行くことができたり、普通なら会えない人に会ったりできることは僕に十分な刺激を与えてくれました。でも、都会のゴミゴミした環境を僕の体がまったく受けつけなかったのです。

上京当時、東京のビル群が嫌でたまらなかった。歩いていると胸は苦しくなるし、胃は痛くなるし、自律神経までやられてしまう始末……。よく神経性胃炎になり病院にも行っていました。それこそ、半年で９キロも体重が落ちたほどです。橋本聖子さんという大事な人を乗せて、右も左もわからない都内の道を運転するという作業もどんどん神経をすり減らせていきます。それまでのように運動で体を動かす時間はなく、朝から晩まで働いていましたから、スピードスケートも自転車も完全にあきらめていました。

しばらくしてから、橋本さんが仕事でオーストラリアに行くときに同行させてもらう機会に恵まれます。それからは何カ月かに1回、僕ひとりでも行かせてもらえるようにもなった。そんなとき、橋本さんはこんなことを言ってくれたのです。

「気晴らしに本場の自転車競技を見ておいでよ」

競技を見て、空いた時間を利用して南オーストラリア州の広大な大地を自転車で走りました。忘れかけていた風を切る感覚が呼び覚まされ、子どものころから自転車が大好きだったことを鮮明に思い出す僕がいます。筋肉がすっかり落ち、ゲッソリと痩《や》せてしまった自分の体に、再びエネルギーが注入されていくのがはっきりとわかりました。

「俺は、やっぱり自転車が好きなんだ」

同時に、自分のこれまでの人生をじっくりと振り返ることもできました。頑張っても、頑張っても思い通りにならないことばかり。学校の勉強が嫌いだった自分が、なぜ政治家の秘書をやっているのだろうか。とにかくいつもなにかに追われ、なにかを追い続け、時間が全然なかった。人生に迷ったとき、思い悩んだときにも時間切れということが、唯一の解決方法になってしまっていました。落ち込んでいても、次の日になれば早朝からやらなければいけないことがあり過ぎた。だから、頭で考えるよりもやってみて失敗して反省する。いつも、この繰り返しだったのです。

僕の窮地を救ってくれた橋本先生に心から感謝すると同時に、武田豊樹というひとりの人間の生き方に、真摯《しんし》に向き合うことができたような気がしたのでした。

まるで予期せぬスピードスケートへの再挑戦

僕がこれまで見てきたオリンピックのなかでも、長野大会の盛り上がりは尋常ではありませんでした。その盛り上がりの立役者でもある清水君が金メダルを取ったシーンは、出張で行っていたオーストラリアのホテルで観ていました。そして帰国の途につくと、偶然にも成田空港で国際大会に向かう清水君に遭遇したのです。

そんな彼は自信に満ち溢《あふ》れキラキラと輝いていて、「こんなにも人は変わるのか」と思ったりもしました。普段は他人に対してジェラシーを感じることなどない僕でも、このときばかりは心底「やっぱり羨《うらや》ましいな」と感じたものです。

この直後に、清水君は所属していた実業団の三協精機《さんきょうせいき》を退社し、プロへの転向を宣言。ときを同じくして、僕は橋本さんに呼び出されこう言われました。

「スピードスケートをもう1回やってみる気はある？」

プロに転向した清水君が練習パートナーを探していることがきっかけでしたが、もともと橋本さんの頭のなかには僕をスピードスケートに復帰させる構想があったようです。オーストラリアに行かせてくれたのも、スポーツへの情熱を呼び起こすための手段だったと考えていいでしょう。僕自身はかなりのブランクができてしまったこともあり、もう一度やれる自信はなかったけれど、この橋本さんの提案は素直にうれしかった。「人生にこんな展開ってあるの？」と驚きもしました。

こうして僕は、再びスピードスケートの世界に戻ることができたのです。橋本さんは、僕

スピードスケート時代の盟友・清水君（写真左）。遅咲きの僕とは対照的に、アスリートとしてのキャリアを次々と築いていったスーパースターだった（写真／アフロ）

にとってあまりに偉大な恩人です。

清水君とはもともと仲が良かったし、ライバル関係から練習パートナーになるのに違和感はまったくありませんでした。しかもこのとき、清水君は世界の頂点で僕は底辺のような状況でしたから、一緒にやれることがただただうれしかった。そしてチームには、小さなころからの親友である高橋慶樹がマネージャーとして参加してくれることにもなりました。

カナダや長野で合宿を張り、取手《とりで》競輪場で自転車のトレーニングを重ねているうちに、僕は短期間で一気に感覚を取り戻していきます。スケートから離れていた期間にくすぶっていた思いが、実業団時代と練習環境が変わったことでここぞとばかりに爆発したようです。清水君という最高の練習パートナーがいること、慶樹という互いのすべてを知り尽くした親友がそばにいたことも心強かった。そしてなにより、競輪選手への夢が年齢制限で断ち切られ、今度ばかりはスケートに迷いなく取り組めたことも大きかった。

潜在能力が開花した僕は、復帰してから1シーズンで世界大会に出るまでに返り咲きました。清水君以外には負けなくなっていたし、周囲に与えたインパクトはかなりのものだったはずです。高校での3年間、王子製紙での5年間で培ってきたものがすべて実を結んだ瞬間でした。

覚醒、そして再び心は揺れる

復帰して3年目の2001年のシーズンは絶好調でした。カルガリーで行われたスピードスケートのワールドカップで初優勝。全日本距離別選手権でも優勝し、02年のソルトレークシティオリンピックへの出場権を勝ち取ることができたのです。

28歳のオリンピック初出場はかなりの遅咲きですが、ようやく幼いころからの自分の目標と、両親の夢が叶《かな》い「さあこれからだ！」という気持ちでいっぱいでした。

ソルトレークシティの本大会では、500メートルと1000メートルに出場。意気揚々と乗り込んだものの、結果は500メートルの8位入賞がやっとでした（1000メートルは16位）。僕にとっても周囲にとっても、期待通りの結果ではなかったことは事実です。やはりオリンピックという舞台は、その他の世界大会とは雰囲気が異なるものでした。ただ、それは単なる言い訳であって、そこでベストのパフォーマンスができなかったのは大舞台における経験の乏しさが出たのだと分析することができます。つまり、オリンピックの空気に飲まれてしまったということ。

それでも、世界レベルで戦える手応えを感じた僕は、結果に失望することなく、胸にこう誓ったのでした。

「このままでは終われない。4年後のトリノではメダルを取る」

オリンピックのあともすぐに海外遠征に出ると、ドイツのインツェルで2度目のワールドカップ優勝を飾りました。それこそ、スピードスケーターとしてもっとも脂が乗り切っていた時期だったはずです。心・技・体すべてが充実して、レースに出ることが楽しみだった。

正直、負ける気がしなかった。

そんな矢先、ヘルシンキにいた僕のもとに1本の電話が入るのです。

「競輪学校の年齢制限が撤廃された」

詳しく聞いてみると、競輪学校の特別選抜入試の規約が変わり、オリンピック大会の入賞者やワールドカップの成績優秀者まで入学応募資格が拡大されたとのことでした。年齢制限は「29歳未満」。当時28歳だった僕にとって、再び訪れた競輪選手になるためのラストチャンス。

最初にラストチャンスと思って臨んだ競輪学校の受験失敗から、すでに約6年が過ぎていました。競輪への思いを断ち切ってスピードスケートに没頭していたし、遠回りはしたけれど、ようやく努力が実って才能が開花したところでもある。

どうしていつも、競輪は僕の人生を容赦《ようしゃ》なく振りまわすのか。

どうしていつも、競輪は僕の心をこんなにも揺れさせるのか。

いまさら、遅いよ……。

スピードスケートと競輪の二刀流を目指し、新たなる環境に身を置くことを決意する。写真は2002年のソルトレークシティオリンピックのもの（写真／アフロ）

僕はそのとき、４年後のトリノオリンピックを見据えて新たなスタートを切っていました。ソルトレークシティオリンピックで得たあまりに大きな経験は、オリンピックでのメダル獲得が単なる夢ではなく、たしかな目標だということも教えてくれました。それなのに、またここまで積み上げた〝財産〟を手放さないといけないのだろうか？

僕の人生において、「スケートか競輪か」という葛藤《かっとう》は何度も繰り返されてきました。そのなかでも、このときいちばん悩んだことは言うまでもありません。すでに28歳という年齢でしたが、それでもまだスケートには伸びしろがある。オリンピックの表彰台にも上ってみたい。スケートで支えてくれた人たちへの恩返しもまだできておらず、なによりも自分がまだスケート人生を昇華《しょうか》できていませんでした。

しかし、もし仮に4年後のオリンピックに出られたとしても、そのときの年齢のことを考えると実際に食って生きていくというビジョンが見えなくなってしまう。そして今度は、競輪選手になる夢があっちから目の前に転がってきた。

最終的に僕が出した答えは、「競輪学校に行くけれど、スケートもやめない」という前代未聞の結論だったのです。

第2章　第二の人生に向かって

競輪学校入学で抱いた不安

人生ってこんなものなのかな。

僕がずっと抱き続けてきた、「競輪選手になりたい」という思い。一度は競輪学校の受験に失敗し、そして失望し——完全にあきらめたはずだったのに。人生というものは本当にわかりません。その夢が成就《じょうじゅ》されるときは、意外にあっさりとしたものでした。

ソルトレークシティオリンピックがあった２００２年に、競輪学校の年齢制度が「24歳未満」から「29歳未満」まで引き上げられた。ですがそれは一時的な特例で、事実上はソルトレークシティオリンピックに出場した者のためだけに開かれた門戸《もんこ》でした（現在は完全に年齢制度は撤廃されている）。つまり、納得いくまでスピードスケートを続けて、数年後に競輪界に入るという選択肢はこのときには存在しなかったということです。最初の受験もラストチャンスなら、このとき28歳になっていた僕にとっては2度目も正真正銘のラストチャンス。絶頂期にあったスピードスケートをいったん封印してまでも競輪学校へ行くことに決めたのは、こんな理由があったからでした。

それにしても、02年は本当に慌ただしかった。2月はアメリカのソルトレークシティでオリンピックに出場し、3月、4月はスピードスケートのワールドカップに出場するためにヨーロッパ各地を転戦。そして、競輪学校に合格して5月には伊豆《いず》の競輪学校にいたわけですから。当時住んでいた目黒《めぐろ》の自宅を引き払う時間すらなく、競輪学校在学中の1年間はそのまま家賃だけ払い続けていたほどです。

そして僕は、晴れて第88期生として競輪学校に入学します。まさに、夢の入り口に立ちました。ただ、28歳の新入生は過去に例がなく、まわりは高校や大学を卒業したての若さ溢《あふ》れる生徒ばかり。高校や実業団時代の寮生活はほとんどが同年代でしたから、今回のように10歳も下の子たちとの共同生活は、正直なところ居心地がいいものではありません。

いや、居心地が悪いというよりも、どう接したらいいのかわからなかった。もちろんジェネレーションギャップはあったし、最初は他の生徒たちが子どもに見えてしまった。当然、彼らはまだ社会に出たことがないのだから仕方ないことですが、みんなお金を稼ぐということを甘く見ているように感じてしまったのです。

「スポーツで食っていくことはそんなに甘くないんだよ」

それが彼らに対する率直な感想でした。

ただ、彼らは彼らで自転車競技のエリートたちでもある。僕に対して、「絶対におまえなんか競輪で通用しないよ」という見方をされていることもひしひしと伝わってきました。

「これからは、18歳や19歳の子たちと戦っていかなければならないのか」

自分の年齢のことを考えれば考えるほど、不安な気持ちに苛《さいな》まれました。競輪学校を無事に卒業したとしても、僕のデビューは30歳目前になってしまう。一般的にアスリートの筋力のピークは25〜27歳くらいでしょう。「体は去年のほうが動いたな」とか、「一昨年のほうが良かった」というのは、まさにリアルタイムで体感しているところだったのです。

しかも、今度は実業団ではなくプロの世界でやっていくことになる。世界選手権10連覇で一世を風靡《ふうび》した競輪界のスーパースター・中野《なかの》浩一《こういち》さん（福岡35期・現評論家）が30代半ばで引退されたくらいだし、甘い世界じゃないことは理解していました。果たして自分は、プロの競輪選手として何年活躍できるのだろうか。入学当初は、スピードスケート選手時代には感じることのなかった心配ばかりが首をもたげ、1日、いや1時間でもいいから「早くこの場（競輪学校）を出てレースに出たい」と思っていました。

とはいえ、年下の子たちを相手に弱音は吐けないし、落ち込んでいる姿を見せるわけにもいかない。競輪選手としての勝負はもうはじまっていて、彼らとはこれから何年もライバルとして戦っていく必要があるわけです。そう考えれば、弱気な一面をさらすわけにはいきません。もともと僕という人間はひとりで考え込むタイプ。自然と同期生とは距離を置いてしまい、環境に馴染《なじ》むことを自分から避けてしまったのだと思います。

孤独な戦いがはじまりました。

競輪学校の厳しさには理由がある

静岡県伊豆市（旧修善寺町《しゅぜんじちょう》）の山々に囲まれた日本競輪学校は、最寄りの駅まで徒歩だと90分もかかる僻地《へきち》にあります。びっくりするほど閉鎖的な空間ですから、そのなかだけのルールが絶対的なまでに生徒を支配していました。

テレビなどで競輪学校の訓練を見た人ならわかると思いますが、真冬に坊主頭で上半身裸の生徒たちが教官の怒号を受けながらランニングをする姿は、まるで軍隊さながら。国内に数ある専門学校のなかでも、その厳しさはトップクラスと言っていいでしょう。いや、間違いなくいちばん厳しい。では、なぜそこまで厳しくしなければいけないのか。そこには理由があるのです。

まずひとつめに、競輪が命懸けの競技であること。時速約60キロで走りながら生身の体をぶつけ合う競輪のレースは、ちょっとバランスを崩せば落車をしてしまう。擦過傷《さつかしょう》や打撲は日常茶飯事で、骨折すれば何カ月もレースを休まなくてはならない。生身の体がコンクリートに打たれるわけですから、ときには命を落とすことさえあります。コンマ何秒の油断が命取りになるため、どんなときも気を引き締めておく訓練は不可欠になります。

次に、競輪が公営競技で、その選手は賭《か》けの対象であるということがある。競輪選手がもらう賞金は、ファン一人ひとりが車券を購入したお金から賄《まかな》われます。そのため、身銭を切っているファンからは厳しい視線にさらされることになる。つまり、ファンの信用度が選手としての価値とも言えるのです。それが公営競技の選手が背負う宿命であり、選手となった以上は、その自覚を持っていなければなりません。レース参加中は外部との接触を避けるため宿舎に携帯電話や通信機器を持ち込めないのもそういった理由からですし、近い親族に反社会的勢力の関係者がいないかを調べられるほど、競輪選手は潔白を求められます。

競輪がギャンブルであること、一般的な同世代の社会人よりも高収入であることなどから、競輪選手は危険な誘惑やトラブルに巻き込まれるケースもあります。実技だけでなく、日常生活におけるこういった注意点なども学校では細かく叩《たた》き込まれました。

競輪学校は、プロの競輪選手に必要な技能や知識を覚えるだけの場所ではありません。立派な社会人であるために、必要な人格と良識を身につける場でもあるわけです。それをわずか1年で生徒に詰め込まなくてはならない。

競輪にとってお客様が神様であると同時に、選手は大切な〝商品〟です。だからこそ、これから選手になっていく生徒たちの安全を守るために、学校側は毅然《きぜん》とした態度で想像を絶する厳しい訓練を行うのです。

競輪学校の日常

競輪学校の朝は6時半に起床し、乾布摩擦で体を起こすことからはじまります（乾布摩擦は冬場）。その後は息をつく間もなく朝練習、体操、掃除などをこなして、ようやく朝食にありつけます。1日のハードな訓練に備え、朝食だけでも1300キロカロリーを摂取しなければなりませんが、食べ盛り、育ち盛りの生徒にはもの足りないくらいなのかもしれません。

僕が競輪学校にいたころは、午前中が学科の授業にあてられていました。学科では、実戦の競走のルールや、トレーニング理論、社会に出てから必要とされる法律などを勉強します。昼食と少しの昼休憩のあとは夕方の5時まで実技が続き、夕飯を食べ終えたら今度は自主練習の時間。記録会などの行事以外は、ほとんど毎日がこの繰り返しでした。

実技訓練にもいろいろあって、集団で走る技術を身につけるバンクの周回訓練、バランス感覚を身につけるために固定式ローラーの上で行うローラー訓練、実戦形式で行う競走訓練などがあります。

ギアが固定されているレーサーで急な坂を登る訓練はハードそのもの。こういう練習を毎日のように重ね、強い精神と強靭な脚がつくられていく（写真提供／JKA）

有名な訓練のひとつに「登坂《とはん》訓練」があります。全長３３０メートル、最大斜度14度の急坂は、正面から見ると大きな壁がそびえ立っているかのよう。それこそ、普通の人なら数メートルも登れないような坂です。

この急坂にアタックするための助走がダッシュ力の強化になり、あきらめずに最後まで登り切ることがレースでゴール前まで粘る脚をつくります。この坂を複数の生徒がいっぺんに登るようすは、まるで鮭の群れが体をぶつけ合いながら川の急流を上っていくような力強さを感じます。この訓練は、たびたびメディアなどで取り上げられています。まさに、競輪学校の名物訓練と言っていいでしょう。

そんな日々のなか、自主練習の時間になると、僕はみんなから離れひとりでスピードスケートの練習をしていました。もちろんリンクがあるわけではないので、スピードスケートの姿勢でのジャンプトレーニングや重心移動など、とにかく氷を滑っているイメージで陸上トレーニングをするというものです。当時は競輪学校を卒業したら、競輪とスピードスケートの二足のわらじを履くつもりでしたので、長期にわたって氷上を滑ることができない不安はこうやって紛らわすしか方法がなかったのです。

話を戻すと、競輪学校の規律のなかでも外部との接触についてはとくに厳しかった記憶があります。携帯電話の持ち込みはもちろん禁止で、外部との連絡は夜にほんの少しの時間だけ許される公衆電話の使用のみ。消灯時間の22時近くまで、公衆電話の前には行列ができることもありました。日曜日は休日で8時半~17時半のあいだだけ外出が許されていました。ですが、1週間のトレーニングで疲れ切っていた生徒たちは、ほとんど出かけることもなく日曜は休養に充てるのが通常です。もちろん僕もそのひとり。日々、激しく肉体をいじめ抜いていますから、体を休ませるのも必要なことでした。

競輪に無知だった自分

スピードスケートでは世界のトップクラスにいたのに、またゼロに戻って新たなスポーツにチャレンジしている。そんな現実を目の前に、学校に入っても思うようにモチベーションが上がってこない自分がいました。

「実はもう、自分の肉体には戦うエネルギーが残っていないんじゃないのかな？」

ふと、そんなことを考えたりもしました。僕は間違っても天才的なアスリートではありません。筋力だって心肺機能だって飛び抜けたものは持っていないし、かといって技術的なものでカバーできるわけでもない。ただひとつ、粘り強くコツコツと練習を積み上げる泥臭さだけが持ち味なのです。なのに、不安が邪魔していまひとつやる気が起きてこなかった。

鳴り物入りで競輪学校に入ってきた僕に対して、競輪ＯＢや自転車競技の経験者は冷ややかに見ているようでした。「武田は年齢的にもピークを過ぎていて、競輪じゃ通用しないんじゃないか？」という声が圧倒的に多かったようです。

でも、その声が僕を救ってくれたという側面もあった。懐疑的な声を耳にすればするほど「俺はできるんだ」「俺は勝てる」という反骨精神が湧き上がってきたのです。その思いが、自分を突き動かす原動力になっていきました。

昨日より今日、今日より明日と、アスリートが心身ともに成長していくのは25歳までくらいでしょう。若いときに目指したことを、いまの自分ができるわけはない。年齢というのは、不安要素のなかでもいちばん大きな部分を占めていました。それでも、「年齢に勝たないとやってはいけない」と、あらためて自分のやるべきことを見直すことができた。闘争心に火がついてからは、ひたすら練習に打ち込みました。

「よし、いけるところまでいってやる」

僕が競輪に対して真剣に取り組む姿勢を見て、徐々に応援してくれる人も増えていきました。とくに、競技経験のない教官には（実技指導は元選手だが学科を教える担当は元選手に限らない）、期待をしてくれる人が多かったようです。僕はレースに対する知識が浅く、人より何倍もの研究が必要でした。ですから、目をかけてくれる教官のなかには、レースのV

TRを僕に見せながら解説やアドバイスをしてくれる人もいました。

いまでも競輪界を牽引《けんいん》するトップレーサーの村上義弘《むらかみよしひろ》君（京都73期）は僕と同じ年齢ですが、当時はもうビッグレースでバリバリ活躍していて、学校で生徒たちが観る映像の教材にもよく使われました。そんな彼のレースを見ながら、先行《せんこう》（レースの先頭を走る戦法）の奥深いテクニックを学んだものです。それまでの僕は、「速く走ったら勝てる」と安易に考えていたところがありましたから、それだけでは勝てないということを学校でこんこんと叩き込まれ、僕のアスリート的な考え方は少しずつそぎ落とされていったのです。

スピードスケートは〝個〟のスポーツですが、競輪はひとつのレースを〝個人とチームが融合〟しながら戦っていく特殊性があります（同県や同じ地区、ときには競輪学校の同期などの選手で「ライン」と呼ばれるチームをつくり戦う。男子競輪は9人か7人での競走で、ラインがレースごとに2〜4できるのが普通）。そして、競輪はレースのなかで仲間同士の助け合いが不可欠になる。たとえば、「後ろをまわる先輩のために先行で頑張っていれば、自分の脚力も必然的に鍛えられていく」とか、「仲間の信用を得るために、ときには自分が犠牲になってもいいんだ」という競輪特有の考え方は、学校時代にはすでに僕のなかに植え付けられました。

そうして競輪にどっぷりと浸《つ》かっていくにつれて、スピードスケートとの両立が難しいことも肌で感じていました。

過酷な競輪学校生活が、僕を精神的にも肉体的にもひとまわり成長させたのは間違いありません。年に5回行われる校内の記録会で優秀な成績をおさめ、スピード、持久力の両方で高い水準をクリアした生徒だけに与えられる「ゴールデンキャップ」も獲得することができた。これは当時、9年ぶり史上5人目の快挙でした。年下の同期生たちが徐々に話しかけてくれるようになっていったのは、僕を認めてくれた証拠だったのではないでしょうか。

29歳の再出発——。

ときには「スター不在の競輪界の救世主」のように持ち上げられ、ときには懐疑的な冷たい視線を向けられる。そんなプレッシャーと不安しかないなかではじまった競輪学校での生活。懐疑的な人々を見返すため、応援してくれる人々の期待に応《こた》えるため、強いだけではなく「魅せる選手になるんだ」という決意を持って僕は全力で1年間を駆け抜けていったのです。

競輪界のスター軍団・88期生

僕がいた88期生は、山崎芳仁君（福島）、成田和也《なりたかずや》君（福島）、佐藤友和《さとうともかず》君（岩手）、渡邉一成《わたなべかずなり》君（福島）と、これまでに僕を含めて５人のＧⅠタイトルホルダーを輩出しました。そして、永井清史《ながいきよふみ》君（岐阜）は北京オリンピックのケイリン種目で銅メダルに輝いています。その実績だけを見ても、学校時代からかなりレベルの高い集団だったことは間違いありません。まだ競輪に対して素人同然だった僕が見ても、「いいモノを持っているな」と感じる選手は実際に多かった。

なかでも比較的年齢の近かった山崎君は、何度目かの受験でやっと合格した苦労人としても知られます。そんな山崎君は、小さなころから競輪ファンだったそう。小学校で競輪選手になるという目標を立て、小学校、中学校と陸上部に入り体を鍛えたと言います。競輪をよく知っている男で、僕も一目置いていました。

在校時代からすでに競輪選手の風格があった彼は、やはり同期のなかでも出世が早かった。デビューから３年でＧⅠ（高松宮記念杯）を制すると、破竹の勢いで合計９つものタイトルを獲《と》りました。残すは日本選手権のみ。これに勝てば、グランドスラマーの仲間入りです。ちなみにグランドスラムは、過去に井上茂徳《いのうえしげのり》さん（佐賀41期・現解説者）、滝澤正光《たきざわまさみつ》さん（千葉43期・現競輪学校校長）、神山雄一郎《かみやまゆういちろう》さん（栃木61期）の3人しか達成していない偉大なる記録です。

全盛時の彼は、それこそ大舞台でもいとも簡単に勝っているように見えたものです。彼の活躍を見ていて焦りはなかったけれど、僕自身がもっと競輪の研究をしなくてはいけないと痛感させられました。

さらに山崎君は、重いギアに着手した第一人者としても有名です。それまでは、「3・57」（ひと漕《こ》ぎで車輪が3・57回転する）というギアが主流だったのに、「4・00」（ひと漕ぎで車輪が4回転）のギアを使いはじめ、周囲を驚かせました。

この0・43のギアの差は、ひと漕ぎで延びる距離が単純計算で1メートル近くも変わってきます（27インチの車輪の周長2119・5ミリ×0・43）。そのメリットは頭でわかっていても、「踏み切るには外国人のようなパワーが必要だろうし、レースのなかでの俊敏な動きに対応できるわけがない」と、ほとんどの人が使ってこなかった代物です。しかし、彼は足で漕ぐのではなく、骨盤を使って漕ぐという独自の理論で大ギアを踏みこなしました。

そんな彼が大ギアで成功してからは、競輪界全体に大ギアブームが巻き起こりました。みんなが使用するようになって競走タイムも格段に上がりましたし、タイムが上がると同時にスピードが求められるレース展開になりました。ただし、瞬時の対応が遅れることから落車事故も増加したため、15年に4回転以上のギアは規制されてしまいました。それでも彼の研究心が競輪界で革命を起こしたという事実は、この先も語り継がれることでしょう。

山崎君と同県の渡邉一成君は、競輪の初タイトル奪取こそ遅かったのですが、21歳で自転車競技の日本代表チームに入り、08年の北京、12年のロンドン、16年のリオデジャネイロと、3大会連続でオリンピックに出場しています。20年の東京でも代表選手を目指しているそうですから、まさに「ケイリン」を知り尽くした選手です。

長年、日本のエースとしてナショナルチームを牽引してきましたので、自転車競技のほうに比重がかかり競輪では遅咲きになりました。ですが、16年、17年の2年間で3つのGIタイトルを立て続けに獲得し、これまでの苦労が報われたようです。学校時代は、在校成績が76人中38位とそれほど目立つ存在ではなかったので、いまの彼があるのはデビューしてからもしっかり努力を続けてきた賜物《たまもの》なのでしょう。

これまで88期生が獲った総タイトル数は、23にも上ります。これは、長い競輪の歴史のなかでもいちばん多く、「花の88期」や、「黄金期」などとも呼ばれるようになりました。もちろん僕たちが一時代をつくってきた自負はありますし、同期たちの活躍は誇りでもあります。

スポーツで稼ぐということ

スポーツで生計を立てていくことは、どんな競技においても非常に難しい問題です。秋になるとプロ野球の契約更改が行われ、「何億円で複数年契約を結んだ」などというニュースが取り上げられます。しかし、野球の競技人口から見れば、そこまでの選手になれる確率はかなり低い。サッカーでも、海外に行くような選手は巨額の年俸を手にしますが、選手寿命は短いし入れ替わりだって激しい世界です。それでもメジャースポーツには、短期間で億万長者になれる夢があります。

しかし、マイナースポーツで生計を立てていくのは至難の業で、全盛期の清水宏保君のような選手は例外中の例外なのです。スピードスケート時代にスポンサーが付いていなかった僕は、王子製紙からもらう給料だけが収入源。これを言うとほとんどの人に驚かれますが、スピードスケートのワールドカップで優勝したときの賞金は、10万円とか15万円程度のものでした。とてもじゃないけれど高級外車に乗れるような額ではありません。優勝したって、遠征費用はいつだって赤字でした。

さらに、実業団やスポンサーから手厚いサポートを受け、仮にオリンピックに出場できたとしても、オリンピックが終わったらそこで終わり。努力の対価があまりにも少ないのが現実です。

目標や見返りがなにもなければ、人間はなかなか頑張ることができません。実際に僕もそうだったのですが、オリンピックを目指している選手の多くは、お金を稼ぐよろこびよりも、「自分の道を極めたい」「自分自身に打ち勝ちたい」という信念だけで戦っているのだと思います。

その点、公営競技の選手はレースに出続けていれば成績に応じてコンスタントに収入があります。バブル絶頂期に比べれば3～4割は賞金額が減少していますが、それでも生活に困る水準にはならない。

競輪選手はつくづく恵まれていると感じます。

僕が競輪選手を選んだ理由

僕が競輪選手になりたいと意識したのは、中学生時代にさかのぼります。幼いころから日常的に自転車でトレーニングをしていたので、自転車を専門でやっている選手たちにも負けませんでした。中学生になると、18歳未満のロードレースの大会で優勝するくらいの力も付いていたほどです。スケートの練習がとても苦しかったのに対して、自転車の練習はストレス解消になっていました。それほど、僕にとって自転車に乗っている時間は大切だったのです。

僕よりも前にスピードスケート界から競輪の世界に転身した選手は何人かいましたが、その誰かを見てそっちの道もあると考えたわけではありませんでした。スピードスケートと競輪は使う筋肉が似ているというのはよく言われますが、だからといって右から左に行けるような簡単な話ではない。ただ僕は、自転車に触ること、風を切る感覚、人よりも速く走れる優越感、それが楽しかった。その感じ方はむかしもいまも変わっていません。

僕が競輪選手という職業を選択した理由として、お金の部分が大きかったのは言うまでもありません。野球やサッカーなどは20代後半でベテランの域に入りますが、競輪界ではまだまだ「ひよっこ」の域です。競輪は他の競技に比べて選手数が多く、選手寿命も長いことで知られます。なかには、50代の選手や還暦を過ぎて現役で走っている選手もいるくらいです(現在の現役最高齢は三ツ井《みつい》勉《つとむ》さんの63歳・神奈川45期)。たしかに怪我のリスクはありますが、節制をして最低限の成績を維持していれば、長期的に安定した収入が得られる競技なのです。

僕の人生設計は思い通りにいかず、そのときそのときでプランが二転三転してきましたが、ただひとつ「食っていくなら競輪選手だ」というビジョンだけはブレませんでした。第一に、自転車が好きなこと。次に、競輪選手という職業がスポーツで生計を立てていくうえで凄《すご》く魅力的な世界であること。このふたつの思いだけは揺るぎないものがあったのです。

生まれ育った環境と親の強いすすめもあり、子どものころからスピードスケートに打ち込んできました。親や先輩たちに強要されて苦しい練習をやらされていた部分があっても、そのなかにも楽しみを見つけ、友だちと助け合いながらコツコツと頑張るという作業は苦手ではなかった。実際にその人たちがいなければ、スピードスケートでオリンピックに行くこともできなかったでしょう。それでも、スピードスケートを生涯の仕事とは考えられなかった。そして、僕は誰にも相談せずに競輪選手への道を選び、進んだ。

実際に30歳目前で競輪選手になった僕が自信を持って言えることは、「なにか行動を起こすのに遅過ぎることはない」ということです。

競輪の師匠・川村恵三

競輪選手になるために、もうひとつ重要なことがあります。それは、現役の競輪選手、もしくはOBと師弟関係を結ぶこと。競輪における師匠は、いわば身元保証人のような存在で、師匠がいないと競輪学校を受験することすらできません。

アマチュア時代から練習や食事の面倒まで見てもらいますし、師匠の家に住み込みでプロを目指すケースもあります。育ち盛り、食べ盛りのプロアスリートの卵の面倒を見るのは大変な労力。ですから、「一宿一飯《いっしゅくいっぱん》の恩義」という言葉があるように、プロになってからも弟子はその恩を忘れることはできません。師匠は、永遠に師匠なのです。

橋本聖子さんの紹介で十文字貴信《じゅうもんじたかのぶ》君（茨城75期・19年引退、アトランタオリンピック1000メートルタイムトライアル銅メダリスト）と親交があった僕は、スピードスケートの選手時代から清水宏保君と取手競輪場で自転車のトレーニングをさせてもらっていました。その縁もあって、十文字君の師匠の川村恵三《かわむらけいぞう》さん（茨城20期・94年引退）に僕も面倒を見ていただくことになった。

ただ、僕と師匠の関係は他の選手とは少しちがっていました。面倒を見はじめてもらったときにまだ僕がスピードスケートの選手だったこと、他のアマチュア選手より年齢が高かったことで、一人前の大人として接してくれたのです。ですから、あまり細かいことは言わず僕の力を信じて最小限の指示を出してくれました。

スピードスケートの少年団のころから数々の指導者に教わってきましたが、川村さんほど優しい人には会ったことがありません。当時は、師匠のもとにたくさんの弟子や練習生がいましたから、いつも10人以上の大所帯で練習を行っていました。そのなかでも師匠は一人ひとりの特徴を把握していて、自転車の乗り方やセッティングにいたるまで、的確なアドバイスをくれました。20年近くが経ったいまでも、僕の乗車フォームやセッティングなどは川村さんがつくってくれたベースのままです。師匠が周囲から「名伯楽」と言われている所以《ゆえん》でしょう。

師弟にも様々な関係性があるけれど、川村さんが弟子にとっていたスタンスは、僕にも受け継がれていると思います。いまは僕にも数人の弟子がいますが、必要以上に束縛や強要をせず、〝個〟を尊重するスタイルは、師匠からの影響があるはずです。

第3章　職業──「競輪選手」

アスリートを超えた「もっと強くて優しい存在」

ここまでは、僕自身の生い立ちと、競輪選手になるための原点になったスピードスケート時代のこと、スピードスケートに打ち込みながらも決して消えなかった競輪選手になりたいという思い、そして、その思いが成就するまでを書いてきました。

この第3章では、僕が「第二の人生」に選んだ競輪選手について書いていきながら、自分もその一員になったからこそ感じたことをお伝えします。あくまでも僕目線の実感ではありますが、「競輪選手」という職業を感じ取ってもらいながら、僕がＧＩタイトルを獲得するまでを振り返っていきます。

まず、競輪界に飛び込んで感じたのは、競輪選手には気持ちがいい人、性格のいい人がとても多いということでした。もちろん、スピードスケート選手の人間性が悪かったと言っているわけではなく――なんとも言葉にするのは難しいのですが、競輪選手には独特の〝温かみ〟があるのです。これは一般社会の人が描いている、「競輪選手ってなんだか怖そうだよね」みたいなイメージとはかなりのズレがあると思います。

競輪をまったく知らない人が競輪のレースを見れば、「やるかやられるかの世界」のように感じるのでしょう。実際、一歩間違えれば大怪我につながるような危険なシーンもよくあります。それなのに、レースが終われば拍子抜けするほど選手同士はさっぱりしている。転ばせる寸前まで頭や肘《ひじ》や肩をぶつけ合っていた者同士が、レースが終わると笑って話しながら敢闘門《かんとうもん》（選手がバンクに出入りする門）に引き上げてきます。こんなことは、普通の感覚では理解しがたい光景です。つまり、競輪選手たちは命を落とすかもしれない危険な行為を、あくまでもスポーツの感覚で乗り切っているのです。

それを象徴する面白い習慣があるのですが、レース直後に1着を取った選手が同じレースを戦った他の選手にスポーツドリンクや水を配ります。好きも嫌いも、敵も味方も関係なく全員に配るのです。規則ではないけれど、やらない人は誰ひとりとしていません。これはご祝儀的な意味合いではなく、「バンバンやり合ったけれど、これで終わり。すべて水に流そう」ということ。長い競輪の歴史のなかで誰がやりはじめたかはわかりませんが、とても気持ちのいい儀式だし、最初に考えた人は偉いと思います。

こんな独特な儀式からも、選手たちの人情味や懐の深さを垣間《かいま》見ることができるのではないでしょうか。

ちなみに、1着の少ない選手が久しぶりに勝って、照れ隠しに「ポカリの配り方忘れちゃったよ」なんて言っているのは、微笑ましい光景のひとつです。

競輪という競技は、生身の人間が走るからこそ、コンディションはもちろんのこと、好き嫌いの感情までもがレースに顕著に表れます。そして同時に、〝心の弱さ〟も明け透けになってしまう世界なのです。だから肉体だけではなく、精神的にも強さが要求される。スピードスケート選手時代の僕が見ていた競輪選手は、日常のストイックなトレーニングの際も苦しい感情を表に出さず、平然とやっているような印象でした。強い心は、練習で養うしかないのです。

その印象は、実際にプロの競輪選手になってからも変わりません。競輪選手は、どこのチームにも属さない個人事業主の集まりです。チームスポーツではないから、自分のやりたい練習を自分がやりたいときにやればいい。だから、言ってみればサボることも休むことも自由ということになる。それでも、各自がストイックに練習と向き合っている。たしかに、見た目もごつくて強面《こわもて》の選手もたくさんいます。でも、ほとんどの選手は真面目で限界まで自分を練習で追い込んでいる。限界まで追い込む不器用さは、言い方を換えれば真面目な人間が多いということの証《あかし》なのかもしれません。

これらの話を総括して、言っておきたいことがあります。スポーツ選手のことを総称してアスリートと言いますが、競輪選手として生きていると「アスリートとはいったいなんだろう？」と、たまに考えてしまうことがあります。競輪選手は単にアスリートという言葉だけでは表現できないし、その上にある〝もっと強くて優しい存在〟ではないかと僕は思っているのです。

練習が仕事でレースは集金

競輪はオフシーズンのないスポーツで、競輪界最高峰のレースであるグランプリは12月30日に行われますが、その翌日の大晦日にも他場で開催されます。年が明ければ元旦からレースはやっているし、お盆やゴールデンウイークなどは、「ここが稼ぎどき！」とばかりに選手は各地に散って走っています。

同時に、競輪選手はプロ野球やサッカーのように年俸制ではないから、１年中働き続けないといけない。つまり、休めばお金は入ってこないということ。だから、１戦１戦の積み重ねが非常に大事になります。僕自身、競輪選手は「走ってなんぼ」だと思っているので、トレーニングを3日以上続けて休んだことがないし、これまでまともに家族を旅行に連れていったことすらありません。でも僕は、子どものころからトレーニング漬けの生活がしみついていますから、この職業は性に合っているのでしょう。

スピードスケートなら、レースは冬場に集中していて夏場になったらトレーニングというサイクルです。一方、競輪の場合は1年中レースをやっていて、選手のランクによっても変わるのですが、月に10日間くらいの斡旋《あっせん》が入るなど次のレースまでの間隔が短いという特性もあります。そのため、オンとオフのスイッチの切り替えは短いスパンで行わないといけなくなる。レースが終わってから2~3日でまた次のレース、なんてこともざらにあるので、調整方法もなかなか難しい。まずは何日後に次のレースがあるかを考え、そこから逆算してメニューを組み立てるというのが一般的で、おおまかに言うと、疲れていたら休み、疲れていなかったら練習するという感じです。

ただし、前項でも触れたように練習は強制ではありません。休みたければ休めばいいし、会社員のように1日必ず8時間働く決まりもない。サボってばかりいればレース結果として自分に跳ね返ってきますが、レースのないときであれば時間の使い方はすべて自主性に任されます。引退して一般職に就いた元選手が、「選手時代は良かったな」と口を揃えるのは、時間の自由度によるところが大きいのだと推測できます。

これもまた誰が言い出したのかわかりませんが、競輪界にはこんな言葉があります。

「練習が仕事でレースは集金」

これはまさに、選手にとっての〝金言〟とも呼べる言葉ではないでしょうか。レースの結果はあくまでも練習の成果。練習を仕事だと思って取り組めば、必然的にレースで集金できるという大事な思考がそこにはあります。

つまり、練習をした者は大きな利益を得ることができる。それが、競輪選手という職業なのです。

もちろんこれは競輪に限った話ではなく、一般職に就かれている人にもあてはまるものでしょう。生きて実社会で生活することは、すべてが仕事につながるもの――それが、結果やお金となって自らに返ってくるのですから。

博打の駒としての競輪選手

競輪学校時代に、競輪選手を生業にしていくことの大変さには薄々気づいていました。なぜなら、単にアスリートというだけではなく、ファン目線では〝博打《ばくち》の駒〟としての側面もあるからです。

博打の駒、というと聞こえが悪いかもしれませんが、ある意味では当然のことと言ってもいい。なぜなら、ファンが大切なお金を選手にベットして、「勝った、負けた」と楽しむのが公営競技の醍醐味《だいごみ》だからです。「競輪は、お金を賭《か》けなくてもプロスポーツとして十分に面白いではないか」という意見を言ってくれる人もいます。ですが、その意見はひとりのプロスポーツ選手としてはうれしい反面、競輪の本当の魅力をわかっていないようにも感じます。

僕たち選手や競輪関係者は、八百長行為を防止する意味でも車券を購入することは禁止されていますが、やはり、お金を賭けるからこそレースに熱が生まれる。それこそ、公営競技でありギャンブルの魅力、いや、魔力とも言えるものではないでしょうか。そう、競輪はギャンブルなのです。そのことだけは競輪を語るうえで避けて通ることはできないし、選手もファンがお金を賭けてくれてレースが成り立ち、自分たちの賞金が出ることを十分に理解していなければなりません。

レースの出走表を見て、ラインを確認し展開を予想する。そして、心に決めた選手にお金を賭ける。レースが進行して、自分が買った選手が最後の直線でコースを探して突っ込んでくる。自分の推理とゴールの結果がはまったときの興奮は、他にたとえようがないとファンは言います。

そのファンの気持ちに応《こた》えるべく、博打の駒である僕たち選手がやるべきことはたったひとつ。1着を目指して持てる力を出し切ることに尽きます。あたりまえですが、全レースで1着を取ることなど不可能なことかもしれない。でも、仮に勝てなかったとしても、ファンが納得する走りをすることは〝使命〟です。

自力タイプの選手（ラインの先頭を任される選手で、自力を武器にする。戦法には先行と捲《まく》りがある）であれば、仕掛けるタイミングを間違わずに自分も連に絡めるレース運びをしっかりとする。追い込み選手（先行選手の後ろに付く選手）であれば、後方から迫ってくるラインをブロックする、逃げてくれる先行選手をできるだけ良い着順に残せるような動きをするなど、マーク屋（追い込み選手の別称。自力選手を常にマークすることからそう呼ばれる）としての仕事をまっとうする。やるべきことは、明確なのです。

最低限自分自身の競輪選手としての個性を出しながら、ファンが「おまえから買って良かったよ！」と見てくれるようなレースをしていれば、ファンと選手との信頼関係が構築されていくはずです。

僕たち競輪選手は博打の駒ではあるけれど、ひとりのスポーツ選手であり人間でもある。その両方の側面を選手それぞれが受け止め、理解する。そのうえでファンに満足してもらえるような、プロとしての走りを提供する。

競輪選手として忘れてはならないことです。

ファンから愛される選手、愛されない選手

競輪選手という職業は、ただ単に正々堂々と戦うだけではなにかが欠けています。それだけでは、ファンはあまりその選手個人に対して興味を持ってくれないかもしれません。なぜなら、ファンから愛されるには、その選手の生き様——人間ドラマ的な面がかなりの比重を占めるからです。

競輪競走のなかで、「花形」と言えば、やはり先行でしょう。デビューから先行1本でスターダムにのし上がっていく選手はヒーローになれます。もちろん、トップに上り詰めなくても、先行にこだわる選手はファンから愛される傾向にあることは間違いありません。最終的に捲られても差されても、必ず先行しにいく選手がいます。少し不器用であっても、ひとつのことを貫いている選手は、ファンのみならず同業の選手たちからも好感を持たれることが多いようです。

追い込み選手では、きっちりと〝仕事〟をする選手が愛されます。ラインの自力型をなんとか2着に残そうと必死で援護するひたむきな姿は、競輪選手の鑑と言ってもいい。先行や捲りを主体の戦法とする自力型の選手は年齢に勝てない部分がありますが、追い込みの技術は、一度しっかりと身につけば簡単には衰えません。A級戦で行われる午前中のチャレンジレース（新人選手と競走得点が下位にある選手たちのレース）で、「いぶし銀のマーク屋」と呼ばれるような往年の名選手が、強烈なブロックを別線の選手に浴びせたりすると、「朝っぱらから本物の競輪を見ることができた！」なんて、オールドファンのテンションは上がるものです。

ファンにも様々なタイプがいて、それこそ芸能人を追いかけるように特定の選手だけを追いかけ車券を買い続ける人もいます。でも、「ラインの概念」を知る多くの競輪ファンは、選手を地域ごとに見ていて、それで全体の勢力図を測って楽しんでいるはずです。

ここ数年は、次世代のスターが次々に誕生してきました。僕の同県の後輩である吉田拓矢《よしだたくや》（茨城107期）が火つけ役になり、茨城勢は一気に盛り上がりました。2018年には南潤《みなみじゅん》君（和歌山111期）、山崎賢人《やまさきけんと》君（長崎111期）、清水裕友《しみずひろと》君（山口105期）らがビッグレースで旋風を巻き起こし、それぞれが所属する地区に勢いが出た。若い力が出てきてビッグネームを打ち破っていけば、ニュースターの誕生に若いファンは必ず沸きます。そして、若い選手の力を借りてベテラン選手が息を吹き返せば、オールドファンは勝ったお金でうまい酒を飲むことができる。どの選手に感情移入をするか、どの選手に自分の人生を重ね合わせるのかはファンそれぞれですが、競輪の楽しみ方のひとつです。

そして、誰からも愛される選手、誰からも祝福される選手も存在します。

18年は、自転車競技の日本代表チームで鍛えられた脇本雄太《わきもとゆうた》君（福井94期）が本格的にブレイクしました。それまでの彼は、「先行日本一」の称号はすでに手にしていて、残すはタイトルを獲《と》るだけという状況。GⅠの決勝まで勝ち上がり後ろの選手を勝たせるのだけど、もうちょっとのところで自分が勝ち切れない。そんな悔しいレースが続いていました。それでも、自分が勝つことだけにこだわった小さなレースをせず、果敢に逃げ続ける脇本君に多くの競輪ファンの心は奪われていったのです。

5月の日本選手権（平塚《ひらつか》）の決勝戦は、脇本君の先行に乗った三谷竜生《みたにりゅうき》君（奈良１０１期）、村上義弘君がワンツーフィニッシュを決めて、脇本君は3着。

続く6月の高松宮記念杯（岸和田《きしわだ》）でも、脇本君と三谷君は一緒に決勝へ進出。ところが、脇本君はまたも早い仕掛けに出てゴール前で三谷君に交わされました。「どうして脇本はもっと押し切れるタイミングで仕掛けないんだろう」。ファンはそんなことを思ったかもしれません。

そして迎えた8月のオールスター（いわき平《たいら》）。まさに、３度目の正直で脇本君は初のＧⅠタイトルを手にしました。それまでのストーリーがあったからこそ、このときばかりは脇本君を買っていたファンも、他の選手から買っていたファンも「やっと勝てたか。脇本、良かったな！」という気持ちになったはずです。それもすべては、脇本君が先行という自分のスタイルにこだわって、何度もＧⅠの決勝で戦ってきたからでしょう。オールスターでも竹内雄作《たけうちゆうさく》君（岐阜99期）に主導権こそ奪われましたが、残り1周を過ぎたあたりではトップに躍り出て、そこからは後続を引き離す一人旅。圧巻の優勝でした。

ここで言いたいことは、競輪ファンというのは、ひとつのレースの勝った負けたで一喜一憂するだけでなく、もっと広い範囲でとらえて競輪を楽しんでいるということ。脇本君をいつも応援しているファンもそうでないファンも、この一連の流れを見ていたことで、完全に脇本君の競輪選手としての魅力に取り憑《つ》かれたと思います。

一度好きになった選手を、ファンは簡単には嫌いになりません。たとえば強かった選手が怪我で成績を落としてしまったとしましょう。そんな選手が本来の走りを取り戻すために苦しみ頑張っている姿に、ファンは胸を打たれます。

もちろんギャンブルである以上、車券に貢献してくれる選手は重要です。その選手から買っていれば「当たる」という安心感は、売り上げにも大きな影響を与えるからです。しかし、贅沢《ぜいたく》な話ですが圧倒的な力を見せつけるばかりではなにかもの足りない。

いくら成績が良くても、自分だけが1着に届いてラインを気にしない走りをしていたら、単に自分勝手な選手に映ってしまう。そこに人間的な深み、苦労、挫折《ざせつ》などのドラマが加わることで、より大きな愛情がファンから注がれることになるのです。

ただ、これは選手が意図的に演じてどうなるものでもない。僕たち選手は、誠実に競輪と向き合いしっかりと準備をして全力でレースを走るだけです。

忘れられない立川競輪場でのデビュー

さて、ここで一度、僕自身のことに話を戻したいと思います。

03年7月3日、まもなく29歳6カ月を迎えるというオールドルーキーだった僕は、デビュー戦を迎えるために東京の立川《たちかわ》競輪場にいました。競輪選手は、前検日（レース前日）の午前中に競輪場に入ります。まずは選手管理課に行って、選手手帳、車の鍵《かぎ》、携帯電話、貴重品などを預けてレースに参加する受付を済ませます。ジャージに着替えたら、健康状態をチェックする医務検査。そして、検車場でレースに使用する自転車を組み立て、検車係から車体検査を受ける必要があります。

スケート界から鳴り物入りで競輪界に入り、遂にデビュー戦を迎えた僕は注目の的でした。前検日は、ただでさえ選手全員がほぼ同時に自転車の組み立てや整備をするので混雑します。そこに僕の取材のために多数のメディアが待ち構えていたので、検車場は人とカメラでごった返していました。取材は競輪関係だけにとどまらず、なかには当時スポーツコメンテーターだった荻原健司《おぎわらけんじ》さん（スキー・ノルディック複合・団体の金メダリスト）らの姿もありました。

各社の記者から同じような質問を繰り返し受け、たくさんのカメラのレンズが常に僕に向けられていました。僕のまわりは何重にも報道陣のバリアができあがり、他の選手と話すことさえままなりません。しかし、整備に集中させてもらえない煩わしさはあったものの、不思議と過度にプレッシャーを感じて緊張することも、「自分はスターだ」なんて浮き足立つこともありませんでした。

「競輪学校を出てから最善の準備はしてきた」
「まわりの目を気にせず自分の走りをすればいい」

そんなことを考えていたように思います。

車体検査が終わると、バンクに出て数十分間の指定練習を行います。同県の選手たちと周回練習を重ねて、バンクの感触をたしかめながら軽く汗を流しました。練習のあとは先輩たちと選手食堂で昼食。午後2時になると何十畳もある大広間のような選手控室に参加選手が全員集められました。前検日の締めには「参加式」というものがあり、選手管理課や検車課、開催指導員などからレースにおける注意事項などが読みあげられます。この日は最後に新人紹介が行われました。約１００人の選手や関係者が見つめるなかでの挨拶《あいさつ》。ここでもまた、競輪学校に入ったときと同じような好奇《こうき》の視線を感じました。

「おまえは本物なのか？」
「強い競輪選手なのか？」
「この弱肉強食の世界で通用する男なのか？」

参加式が終わりひと通りの取材をこなすと、ようやく選手宿舎の自室に戻ってリラックスすることができました。競輪選手の宿舎はだいたい４人部屋で、部屋割りは基本的に同県の選手でまとめられます。各部屋には殺風景な四畳半ほどの座敷があって、そこにはテレビと小さな冷蔵庫とちゃぶ台が備えてある。寝床はカプセルホテルくらいの広さで、それぞれの空間は簡素なカーテン１枚で仕切られています。消灯時間までは座敷のテレビで他の競輪場のレースを観たり、茶菓子を食べながら雑談する選手もいれば、寝床で読書をしたりしてひとりで過ごす選手も。消灯時間になり寝床でひとりになった僕の頭のなかでは、急に期待と不安がグルグルとまわり出しました。

そして、僕はまた心のなかで呪文《じゅもん》のようにこう繰り返していました。

「僕は、特別なんかじゃない」

スピードスケートでオリンピックに出て、大きな期待を背負って競輪界に飛び込んできたことは事実でした。でも、僕は自分の道——人生をがむしゃらに突っ走ってきただけ。ここまで何度も繰り返し書いてきましたが、そもそも僕はアスリートとして恵まれた能力があるわけでもなかった。だからこそ、地道な練習を繰り返してきただけのこと。その結果が、スピードスケートでの実績につながった。それが、すべてなのです。

翌7月4日からレースがはじまりました。競輪は、初日が予選、2日目が準決勝、3日目の最終日に決勝戦という流れで、グレードレース以外は通常3日間を通して興行が行われます。

いよいよプロデビュー戦——。僕はあまり緊張することもなく、持てる力を出し切りました。初日予選は、打鐘《ジャン》(残り1周半で鳴る鐘)から先行して、2着に6車身もの大差をつける鮮烈なデビュー。続く2日目の準決勝も逃げ切り勝ち。デビューからの2日間は、最高のスタートを切ることができた。しかし、最終日にとんだ落とし穴が待っていました。

実はこのときの対戦相手やレース内容は記録として残ったものを知っているだけで、ほとんど記憶には残っていません。デビュー戦ということで右も左もわかっていなかったこともありますが、３日目の決勝戦で落車をしてしまい、そこで記憶が飛んでしまったからです。人間の脳とは、嫌な出来事やショックなことは忘れようとするようにできているというのは本当のことだと感じます。

せっかくのデビューシリーズだったのに、決勝戦はゴールすることさえできなかった。落車して医務室に担架で運ばれているときは、空を見上げてただただ茫然《ぼうぜん》としていました。

医師の診断は「右鎖骨の骨折」でした。

落車でスピードスケートとの別れを決心する

当時は三重県の四日市《よっかいち》に、全国から競輪選手が足繁く通う名医がいました。他の病院で手術するよりも早くレースに復帰できると評判で、僕も治療のために四日市まで出向くことに決めました。手術が無事に終わり病室でひとりになると、なんともやるせない気持ちになりました。

これまで何度も葛藤《かっとう》と苦難を乗り越えてやっと競輪選手になれた。このうえない準備をして臨んだデビュー戦。たくさんの注目が集まったなかで、最後の最後にコンクリートのバンクに叩《たた》きつけられ、完全に出鼻をくじかれてしまった。ズキズキと響いてくる打撲や骨折の痛みよりも、心の痛みのほうが何倍も大きかった。

「これでやっと生活の不安から解放されて競輪に打ち込めると思ったのに。これからが勝負というときなのに……。なんでこんなふうになっちゃうんだろう……。俺はもう自転車に乗れないかもしれない」

完全に心が折れてしまっていました。

競輪で生計を立てながらスピードスケートで再度オリンピックを目指す。希望に満ち溢《あふ》れていた僕は、あるインタビューでこんなことを言っていました。

「競輪学校を無事卒業して、7月にプロデビューをして、それから環境が整えばスケートがしたい。いっさい体を動かしていないわけではないですし、06年のトリノオリンピックまでまだまだありますから」

でも、この落車の影響もあり、「競輪が甘い世界じゃない」というのは身にしみてわかりました。茨城に戻り復帰を目指すリハビリとトレーニングをしながら、僕は大きな決断をくだすのです。

「スケートとの両立はキッパリとあきらめよう。これからは、競輪1本で生きていく」

スピードスケートでオリンピックのメダルを獲得することは、僕だけでなく、両親やこれまで応援してくれていた人たちにとっても積年の夢でした。それが達成できないということは、僕がスケート人生を昇華しないまま終わることになる。無念さや悔しさがないと言ったら嘘になります。それでも、「僕には自転車があるから忘れられる」と何度も自分に言い聞かせました。

そして僕は、次のトリノオリンピックまで2年半という期間を残し、誰に言うこともなく約30年にもわたって続けてきたスピードスケートのキャリアに別れを告げたのです。

人はそれほど弱くない

競輪の級班は、最高位のS級S班（グランプリに出場した9人）からA級3班まで6つの階級にわかれています。そして、選手の級班によって出場するレースも変わってきます（もちろん賞金額も変わります）。

S級S班、S級1班、S級2班までがS級戦を走り、A級1班、A級2班の選手がA級戦を走ります。現在はA級3班がチャレンジ戦（上位120名程度がA級2班に昇格し、3期平均の下から30位以下は代謝となる）となり、デビュー後の選手は全員がここからスタートします。

半年ごとの成績と競走得点に応じて翌々期（1期は半年）の級班が決定するのですが、特例として9連勝（3場所連続完全優勝）をした選手は、特別昇級（A級3班からA級2班は昇班）という制度で次の場所から無条件に上のランクに昇格できるというルールがあります。

僕がデビューした当時はまだチャレンジ戦がなく、A級1班からA級3班まではすべて同じA級戦を走っていました。つまり、A級3班の選手でも9連勝すれば、S級に特別昇級で

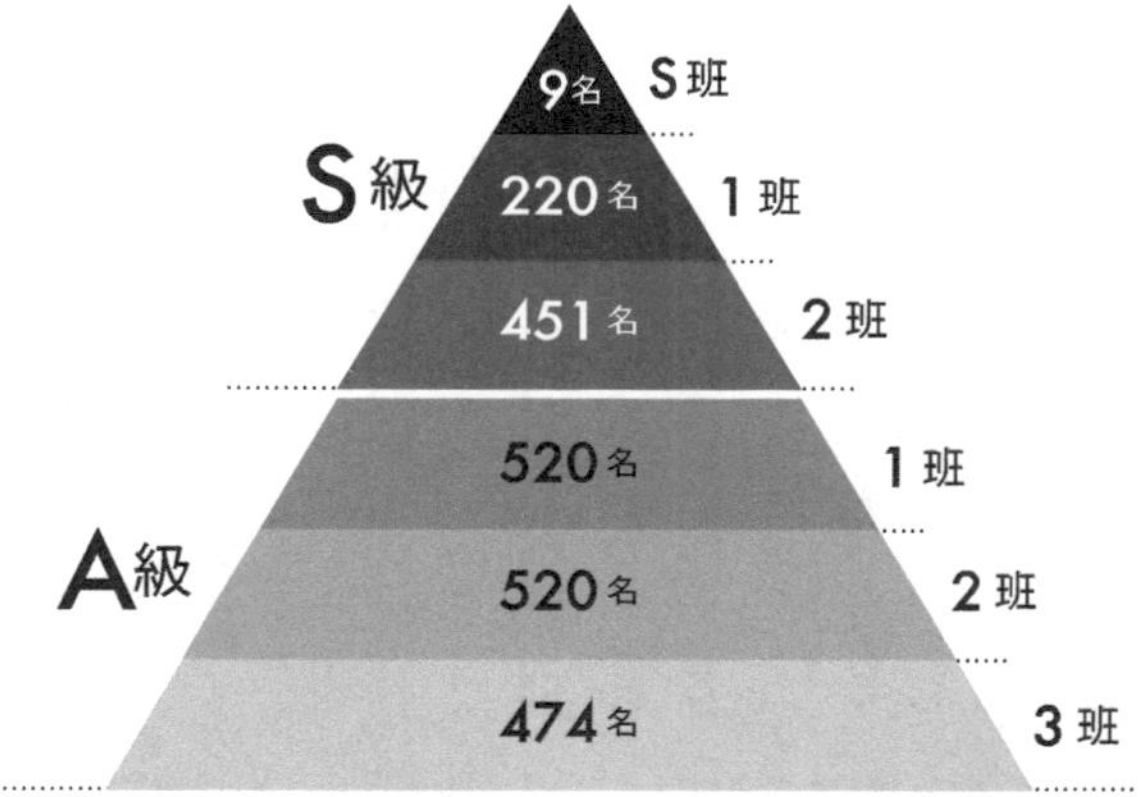

合計 2,194名（2019年1月時点）
※他にガールズの選手が124名

きたのです。

骨折という怪我から、わずか2カ月で戦線復帰した僕はひたすら競輪に打ち込みました。復帰戦の9月、京王閣の開催で完全優勝を飾り、その後のレースでも破竹の快進撃を続けました。12月に入ると完全に無双状態に入り、まったく負ける気がしなかった。花月園《かげつえん》（10年に廃止）、京王閣で6連勝をすると、年が明けて04年1月の地元・取手でも3連勝を飾って、3場所連続の完全優勝を達成。デビューからわずか6カ月でS級2班にスピード特別昇級を果たし、自分の30歳の誕生日に花を添えました。

ここからは順調にステップアップしていきました。翌04年3月に小倉でS級初優勝。7

月の寛仁親王牌（前橋）でＧＩに初出場すると、いきなり決勝戦に進出。デビューから387日でのＧＩ決勝進出は、当時の最短記録でした。その勢いのままに8月の千葉記念でＧⅢ初優勝も達成。翌05年は、日本選手権、高松宮記念杯と、2度のＧＩで決勝まで進んで賞金を積み上げ、はじめてグランプリの出場権を獲得するにいたったのです。

30歳目前でプロになったスポーツ選手というケースは他ではあまり思い浮かばないのですが、実際に自分がやってみて、「やれる」と体感しました。肉体的には厳しい部分もあると思っていましたが、その部分に関しては自分自身が年齢に勝たないとはじまらない。30代のこの時期にがむしゃらになれたのは、「年齢に勝つ！」という強い信念があったからです。ただ、まわりの選手や関係者は、「やはり武田は能力があるんだな」のひとことで片付けてしまいますが、実際に走っている僕からしたらそんなに簡単なことではなかった。僕がそれを可能にしたのは、想像を絶する寒さの斜里町で体の基礎をつくったこと、そして、恵まれない練習環境で努力をしてきたからなのだと思います。それを乗り越えた自信は、いつしか強さに変わっていた。それから、こうも言えるかもしれません。年齢とともに肉体的なピークは過ぎ去っていくけれど、頭のなかを進化させ心を強く保つことはできる。その点に関しては、年齢を重ねることがメリットにもなり得るはずです。

GP
KEIRIN グランプリ

毎年12月30日に行われる、1年の総決算とも言える競輪界最高峰のレース。
その年活躍したメンバー9名が集いチャンピオンを決める一発勝負。

GI

S級上位選手が参加。4日制以上のGI優勝者はGP出場権を得ることができる。

・読売新聞社杯 全日本選抜競輪（4日制）
・日本選手権競輪（6日制）
・高松宮記念杯競輪（4日制）
・寛仁親王牌・世界選手権記念トーナメント（4日制）
・オールスター競輪（5日制）
・朝日新聞社杯 競輪祭（4日〜6日制）

GII

GIに次ぐ格付けのレース。GI・GII開催は、
選考基準に基づいて選出された選手のみ出場できる。

・共同通信社杯（4日制）
・サマーナイトフェスティバル（3日制ナイター）
・ヤンググランプリ（単発レース）
・ウィナーズカップ（4日制）

GIII

オールS級選手による、各競輪場の開設などを記念して開催されるレース。
各競輪場が、原則年1回（4日制）開催する。

FI

S級シリーズ。S級選手とA級1班・2班の選手が出走し開催されるレース。
S級選手とA級選手が同じレースを走ることはない。

FII

各地のA級限定競輪（3日制）。A級選手のみで行われ、
1年を通じて開催がもっとも多いレース。

環境が人を強くし、折れない心をつくる。

人間というものは、自分で思っているほど弱い生きものではないのだと思います。

稼げる競輪選手と稼げない競輪選手

スピードスケートをやっていた時代は、本当にお金に苦労しました。学生時代は親が負担してくれていましたからリアルにその苦労を感じなかったものの、高校を卒業して実業団でスケートをしていたときは大変でした。海外遠征費用の捻出《ねんしゅつ》に頭を悩ませる日々。衣食住には困らないにせよ、世界で戦うにはあきらかに資金不足だったのです。

当時は、「俺って貧乏だな……」としょっちゅう感じていました。しかし、セカンドキャリアで踏み出した競輪は、180度世界がちがった。まず、レースに行くための旅費がもらえる。また、レースに参加しただけでもらえる賞金以外の出走手当や、雨が降っている際のレースを走ったときに出る雨敢闘手当（選手間ではアメカンと呼ばれる）にも驚きました。「なんて恵まれた世界だ」と思ったものです。デビュー戦こそ決勝戦で落車してしまいましたが、復帰して連勝街道を歩んでいくとコンスタントに驚くような賞金が入ってきたのです。

選手は各開催における最終日のレースが終わると、選手手帳と印鑑を持って「賞典室《しょうてんしつ》」という小部屋の窓口に行きます。そこで、該当するシリーズの賞金がまとめて入った茶封筒を手渡されるのですが、ランクが上がっていくにつれて賞金袋の厚みも増していきます。３日間走るだけで、実業団時代の給料の何カ月分にも値するお金がもらえる。もちろん驚きはありましたが、「これでお金に関する心配事はなくなったな」という安堵《あんど》の気持ちを得たことは僕にとって意味のあることでした。また、努力した結果がちゃんと「かたち」（賞金）になって返ってくるよろこびを噛《か》みしめることもできた。お金の大切さを感じることができたし、そのときの気持ちは忘れないようにと肝に銘じています。

プロのスポーツ選手である以上、稼ぐということはとても大事なこと。実際、最初のうちは稼ぐことで得る快感がありました。手にした賞金でいい車にも乗れるようになり、いいマンションにも住めて、念願のマイホームを建てることもできた。でも、いつまでも「お金！お金！」とはならなかったのも事実なのです。僕の性格的なものかもしれないけれど、「お金を稼ぐぞ！」という意識より、やっぱり「勝ちたい」という気持ちが自分を突き動かす原動力になっているのです。

お金に関係することとして、稼げる選手と稼げない選手のちがいは見ていてすぐにわかります。これは、勝てる選手と勝てない選手と言い換えることができるかもしれませんが、練習の力を本番で発揮できるかどうかがすべてでしょう。

競輪学校に入ってくる時点で肉体的なパワーや運動能力はあるわけですから、誰でも勝てる力は絶対に備えています。それなのになぜ勝てないのか？　それは、練習というのはそれほど緊張しないのに、レースは緊張するものだからです。

僕はいつもこんなことを考えています。

緊張するのは、自分に期待しているから。

期待するのは、苦しい練習をしてきたから。

実は僕自身、凄《すご》く緊張するタイプの人間です。競輪選手としての経験が浅かったころなどは、いつもレースの3日前くらいから緊張しはじめていました。そんなとき、俯瞰《ふかん》して緊張している自分を見ると、「子どものころから本格的にスポーツをやってきた。そのうえ、これだけ練習もやってきたのに、なんでレース直前になるとトイレに行きたくなるんだろう？」なんて、思わず笑ってしまうこともありました。

そこから経験を積み、緊張しているなかで力を発揮する方法も身につきました。まずは、「毎日の練習を頑張っているから緊張するんだ」と、硬くなっている自分を受け入れることが肝要です。その次にやるべきことは、自分のなかでわかっているデータを活用しながら上手に戦っていくこと。たった、それだけのことなのです。

そういった、勝つために持つべき頭のなかの回路をきちんと理解し実行できている人は勝てるし、稼げる選手になることができる。

とてもあたりまえのことに思えますが、「緊張するのは人間の性《さが》だ」と受け止める他ないのです。受け止めてはじめて、勝負に挑むことができる。受け止めないままレースに挑んだら心も体も硬いままで、勝てる（稼げる）はずもありません。

過去に一度、練習を頑張らなかったらどうなるのか試してみたくて、レース前にあまり自転車に乗らず、意識的に無気力でレースに臨んだことがありました。追い込むような厳しい練習をしていないからさほど緊張せず、なおかつ結果もそんなに悪くなかった。張り詰めるような緊張がないぶん、精神を削られません。「負けて当然」みたいな気持ちで走ると、「こんなにも楽なのか」と感じたものです。でも、そのスタイルは自分には合わなかった。結局は、それでは自分に納得がいかなかったのです。

オッズの重圧

僕は、勝ってもほとんど笑顔を見せることはありません。それは意識的というよりも、勝負に生きるプロとしての礼儀だと思っています。ですから、競輪ファンは僕の笑顔をあまり見たことがないはずです。「武田は愛想がないな」と言われればそれまでですが、大切なお金を賭けてくれる人がいるから僕らはこうしてレースを走ることができる。であれば、勝負師らしく厳しい表情をしているべきだと心掛けているのです。

選手が真剣に戦っている表情を見て、ファンが「この選手だったら信用してもいいかな」と思えることはあるでしょう。もちろん、その信用や信頼は、車券を「買う」「買わない」にも影響してくること。だからこそ僕は、そういう真面目さを大切にできる選手でいたいと思っています。

車券に関連することとして、オッズがあります。

ファンの信頼を得て、僕に賭けてくれる金額が大きくなればなるほど、低い数字としてオッズに反映されていく。実際に僕も、快進撃を続けていたデビュー2年目からは、S級戦でもだんだんと人気を背負うレースが増えていきました。二車単で1倍台もザラ。人気が丸被《まるかぶ》りですから、僕とラインを組む選手もミスは許されません。なかなかきつい部分があったと想像できます。

選手が過ごす空間には、モニターがいたるところにあります。検車場、発走準備をする控室……オッズを見ようと思えば、どこでも見ることができる。つまり、自分の車券がどれくらい売れているのか、またはオッズがどれくらいなのかもわかってしまうということ。選手によっては、自分から売れていれば「よし！　人気に応えるぞ」と意気込む選手もいるし、売れていなければ「いっちょ、ここらで穴を出してやろう」と虎視《こし》眈々《たんたん》とレースに挑む選手もいる。そんな選手たちは、オッズを自らのパワーに変えているタイプと言えるのでしょう。

その逆も然《しか》りです。人気が集中して大きな重圧となり、本来の自分らしいレースができなくなる選手もたくさんいるのが現実です。競輪にはそれこそ、1レースの売り上げが何千万や何億というレースもある。そのレースで人気を背負うことは、もの凄い大金を背負って走ることと同じです。競輪ファンの〝欲念〟のようなものがズシリと乗っかることで、ビビってしまう選手がいるのもわからないではない。

僕の場合は、レース前にオッズを見て「今日は俺から売れているな」なんて思うことはまずありません。というよりも、オッズは気にしていないというのが実情です。それはファンの人気を無視しているというのではなく、感情が動くことこそレースのなかで心の油断につながると感じているからに他なりません。また、「勝負を受けて立ってしまったレース」に限って、「１００％に近い確率で負ける」ということも経験則として持っています。

ただ、例外もあって、誰が勝ってもおかしくないような高いレベルで行われるＧＩの決勝や、グランプリのようなメンバーのときに自分から売れていると、ファンに背中を押してもらっているという感覚になることがあります。でもそれが気負いにつながるかといったら、またちがうかもしれない。あくまでも、「オッズは数字」に過ぎないのです。やるべき準備をして、目の前のレースに挑み、気負いなく自分の力を出し切ること。なによりもそれが重要であって、プロのあるべき姿ではないかと僕は感じています。

選手が戦うべきものは、オッズの重圧ではないのです。
戦うべきは、自分自身なのです。
無になれたときこそ、勝利が近づいてくるのです。

ファンの評価と一致するようにＧⅠ初制覇

勝てる選手、稼げる選手を仮に「一流」と呼ぶのなら、その上には、さらに大きい舞台で勝つことができるほんのひと握りの「超一流」が存在します。
デビュー2年目に千葉ではじめてＧⅢを勝ったあたりから、僕は周囲からも一流選手と認められるようになっていました。でも、自分ではそんな自覚がまったくなかった。コンスタントにビッグレースに出場できるようになったものの、同じレースで走る他の選手が一線級ばかりになると、僕はなかなか勝てずにもがいていたからです。

ＧⅠ競走で予選から勝ち上がっていくのは本当に大変なことです。直前のＦⅠ戦などで完全優勝していたような好調な選手たちでも、ＧⅠに乗ってくると簡単に一次予選で負けてしまいます。そういう強い選手が集まっているなかで勝ち上がるには、日頃の行いこそが大事になる。日々の練習に取り組む姿勢であったり、普段からレースのなかで自分の役割を淡々とこなしてきたりした選手が、大きな舞台でも動じないで自分の仕事をまっとうできるのです。

それを積み重ねて勝ち進んでいくと、強い相手がひとり、またひとりと敗れていく。そうやって、少しずつタイトルに近づいていく。僕はまだデビューからの年数が浅かった当時、GIの準決勝までは先行で戦いたいと思っていました。そこまで先行で勝ち上がることができれば、「決勝は相手が意識して僕より先行意識が強まるから、捲りで勝てるだろう」と安易に考えていたのです。

勢いのあった05年は、GIで2度、GⅡでも2度決勝に進みました。最初のチャンスらしいチャンスは同年6月の高松宮記念杯（大津《おおつ》びわこ・11年廃止）。僕自身は3度目のGI決勝で、場の雰囲気にもだいぶ慣れてきたところでした。

05年 高松宮記念杯決勝（大津びわこ） ※出場メンバーは、以下の9人

1 小野《おの》俊之《としゆき》（大分77期）追込
2 内林《うちばやし》久徳《ひさのり》（滋賀62期）追込
3 武田豊樹（茨城88期）先捲
4 山田《やまだ》裕仁《ゆうじ》（岐阜61期）自在
5 佐藤慎太郎（福島78期）追込

６　村本大輔《むらもとだいすけ》（静岡77期）追込
７　小嶋敬二《こじまけいじ》（石川74期）先捲
８　濱口高彰《はまぐちたかあき》（岐阜59期）追込
９　伏見俊昭《ふしみとしあき》（福島75期）自在

本線を形成する中部ラインは、３人ともタイトルホルダーという強力なメンツです。先行日本一の小嶋敬二さんを先頭に、「帝王」と呼ばれた山田裕仁さん（現解説者）が番手をまわり、濱口高彰さんが３番手を固める鉄壁の布陣でした。

他にも前年のグランプリチャンピオン・小野俊之君や、前年に全日本選抜で初タイトルを獲った内林久徳さん（現解説者）といった曲者《くせもの》の選手もいました。とくに内林さんは大津びわこをホームバンクにしていたので、地元ファンの声援が凄《すさ》まじかったことを覚えています。関東でひとりだった僕の後ろには、南関東で単騎の村本大輔君（16年引退）が付いてくれることになりました。

大方の予想は、小嶋さんが先行して山田さんが展開有利に運ぶだろうというもの。僕と村本君はしがらみのない即席のラインだし、実際に僕も捲りで優勝を狙おうと考えていた。しかし、いざレースがはじまると先行選手の性が出て残り１周から先頭に飛び出してしまったのです。大津びわこ競輪場は、500メートルバンクです。長い直線はただでさえ先行が不利なのに、これだけの顔ぶれで逃げ切るのは至難の業。最終4コーナーまではいい感触で、一瞬、勝利が頭をよぎったけれど、ゴール寸前で村本君に交わされてしまいました。

「やっぱり甘くはなかった……」

ここいちばんで勝ち切れないのは、僕がまだタイトルを獲るに値する選手ではなかったからなのでしょう。勝てる選手と勝てない選手の差がなにかも、このときはまだわかっていませんでした。

そんな僕を尻目《しりめ》に、同期の山崎芳仁君は、05年の年末にヤンググランプリを勝つと、06年2月にGⅡ・東日本王座戦（伊東《いとう》）、6月にはGⅠ・高松宮記念杯（大津びわこ）をトントン拍子で勝ってしまいました。山崎君がブームをつくった4回転ギアが冴《さ》えまくり、そこから面白いようにタイトルを奪取していきます。僕も含めた周囲の選手には、山崎君がいとも簡単に勝っているように見えたものです。大きく水をあけられてしまった当時の僕は、デビュー前に「GⅠを勝つことが目標」なんて言っていた自分のビッグマウスを呪いたいくらいの気持ちでした。

勝てないながらも場数を踏んでなんとか実績を積み上げていった僕は、08年10月にふるさとダービー（広島）でGⅡ初優勝。なんとなくビッグレースで勝つ感触を摑みました。そして、山崎君から遅れること3年、遂に09年3月に日本選手権（岸和田）で悲願のGⅠ初優勝を飾ることができたのです。

競輪ファンは、その選手の生き様や人間ドラマの部分にロマンを求めるもの。なかなか大一番で勝てないけれど、健気《けなげ》に逃げ続けている30代の僕の姿を見てファンの人たちがロマンを感じてくれるようになったのかもしれません。そうやってファンの評価が得られはじめたときに、タイトルは獲れるのだと実感しました。

GⅠを勝つ――。

ひとつの大きな目標は達成しましたが、決して満足することはなかった。勝った瞬間もそのあとも、ガッツポーズすらしませんでした。負けた人への配慮という気持ちもあるのですが、「これ以上浮かれていると罰があたる」。そんなふうに考えてしまう性格なのです。

でも、「勝ったときくらい、もう少し弾《はじ》けられたらなあ……」なんて思っているもうひとりの自分がいるのも事実です。

唯一の楽しみは酒を飲むこと

ところで、僕にはあまり趣味と言えるようなものがありません。トレーニングや体のメンテナンスにほとんどの時間を使ってしまうため、そもそも趣味に没頭できる時間がないという見方もできます。むかしは自転車が趣味でしたが、競輪選手になってしまうとさすがに趣味ではなくなってしまいます。そんななか、唯一の楽しみは酒を飲むことくらいです。

これまであまりプライベートのことを語ってこなかったので、僕がガチガチのアスリートでガス抜きがまったくない人生を送っていると思っている人は多いはずです。ところが、僕はレースが終わった日にまっすぐ家に帰った記憶がありません。開催期間中に禁酒をしているため、必ず帰りにどこかに寄って酒を飲むのです。きっと、そこまでがレースのルーティンになっていて、飲みに行かないと心がリセットされなくなっているのだと思います。

僕は子どものころからヤンチャ坊主でしたから、締めつけられている感じの状態は大の苦手。だから、拘束が解かれたレース帰りはいつも以上に羽目を外したくなってしまいます。おかしいと思われるかもしれませんし、さすがにいまではやりませんが、それこそ若いころは落車していようが、どこかの骨が折れていようが、擦過傷から出血していようが、お構いなしで飲みに行っていたほどです。

最近は、隣にきれいな女性がつくようなお店に誘われてもほとんど行きませんし、楽しさも感じなくなりました。基本は居酒屋で、酒の種類はなんでもいいから男同士の会話をしているのが最高に楽しい。弟子ふたりと4升の日本酒を飲んでしまう夜もあるほどです。

後輩たちが楽しそうな顔をしていると、それが最高のツマミになります。酔っ払ってくると、もうなんの話をしているのかもわからなくなっていて……次の日に、「昨日はバカ話ばかりで中身がなかったな？」なんて思うこともよくあります。

一緒に行く相手がいなければ、ひとりで飲みに行くのも嫌いじゃありません。むしろ、探検して新しい店を探したり、ひとりで考え事をしたりするような時間も必要なときがあるからです。

なんでこんなお酒の話を書くのかといえば、僕はこういった日常の緩い部分も伝えたかったのです。一般的にアスリートが出す本は、生い立ちからトレーニング方法まですべて「ストイックの塊」みたいに描いていることが多いものです。若い子や学生などが読むにはよくても、いろいろなことを経験してきた中年男性が読んだら、隙がなくてガチガチの人生はきっとつまらないでしょう。僕も超一流と呼ばれるアスリートの本は何冊か読んだことがありますが、正直、ちょっと窮屈な感じがしたのです。

練習がうまくいったら気分良く酒を飲む。うまくいかなくても忘れるために酒を飲む。人間なのだから、飲んで羽目を外すことも当然ある。とくに競輪選手というのは、そういう生きものです。ご多分に洩《も》れず、僕も同じ。基本的にはそんなに真面目な人間ではありません。こんな部分を知ってもらって、「なんだ、武田も俺と同じじゃないか」なんて思ってもらえたらうれしい。

妻は僕が飲みに出ることに関しては寛大な人です。それどころか、逆にまっすぐ帰ってきたら「どうしたの?」なんて心配してしまうかもしれません。僕自身も自分が飲まずに帰るようになったら、きっと不安になることでしょう。僕にとって「飲めなくなる」「遊べなくなる」ことは、「調子が悪くなる」「弱くなる」と同義なのかもしれません。

妻は最高のパートナー

09年にGIの初タイトルを獲得する前に、練習方法や戦い方などでとくになにかを変えたということはありませんでした。ずっと同じスタンスでコツコツとやってきた結果、僕の順番がまわってきたということなのでしょう。ただひとつ変化があったとすれば、それは私生活でのことでした。

この前年となる08年11月11日、34歳だったときに秋田県生まれの5つ下の女性と結婚しました。それまでひとりぼっちの生活には慣れていたけど、やっぱりどこかで寂しい気持ちもあった。彼女と同居してからは、家に帰ったときに人がいるということがこんなにも安心できてうれしいものなのかと思えたし、とにかく新鮮でした。

寮生活が長かった僕は、自分の身のまわりのことはひと通りこなせます。でも、なにもできないフリをして……いまはすべて妻にやってもらっています。お金の管理も男がやったほうがいいという意見も耳にしますが、我が家では妻にお任せです。

スポーツ選手がベストな体調を維持するには、自己管理がとても重要になる。たとえば家庭の仕事が立て込んで子どもの送り迎えをしてからレースに行くとか、競輪以外のことを考える比重が多くなるとレースで事故が起きたりするものです。

練習の疲れならいいですが、練習以外の疲れを持って競走に行くとなぜかアクシデントに対処できなかったりもします。そうなると、「なんで自分は競輪以外の余計なことをやったんだ」と後悔することになる。たしかに、プロスポーツ選手である前にひとりの社会人でいなければならない、ということもわかります。一社会人だからこそ、私生活のこともしっかりする必要があるということも聞きます。ただ、僕たち競輪選手のような特殊な職業――つまり、他人様のお金を背負って走る人間は、プロに徹しないとダメだという自覚があるのです。そこを家族が理解してくれているかどうかは、非常に重要なことではないでしょうか。

家族と一緒にいる日でも、レース前は僕ひとりでゆっくり食事ができるように妻が配慮してくれます。落車で怪我をすれば、傷の手当てはもちろん傷口から体液が出て汚れるので毎日シーツを変えてくれる。面倒なことでも嫌な顔ひとつせずに僕を支えてくれるのです。彼女は妻であり、3人の娘の母であるだけでなく、僕のマネージャーとしても本当に奮闘してくれています。

結婚したことでよりレースや練習に集中できるようになったことが、僕の競輪のキャリアで大きなプラスになったことは間違いないし、彼女が幸運を呼び込んでくれた面もあると感じています。

09年当時、GIをはじめて勝てたのも、結婚したことと無関係ではないと思えてしまいます。

妻や娘たちと過ごす時間は競輪から離れた日常と区切っているので、僕は家庭でほとんど競輪の話をしません。レース前でもそれほどピリピリした空気は出していないはずです。むしろ家庭に入ると、自然とレースのことを忘れられる。それなのに、妻がけっこう競輪選手の名前を知っていて驚かされることがあります。

きっと僕がレースに行っているあいだは、競輪中継を観てくれているのでしょう。競輪選手というのは、競走や合宿がなくてもほとんど休みもなく練習ばかり。オフの時間は弟子や選手仲間と飲みに出ることが多く、家に帰ってからも僕は会話で家族を楽しませてあげられるタイプでもない。

それでも、彼女は文句ひとつ言いません。僕にとっての結婚はプラスのことばかり。本当にいい人をもらったと思うし、妻にはとても感謝しています。

競輪選手にはオフシーズンがないので、僕には連休という概念がありません。でも、これまで行けなかった家族旅行にもそろそろ行かないといけませんね。

そうでもしない限り、僕は練習を休まないでしょうから。

第4章　覚悟を決める

死ぬ覚悟を持って走る

第3章では競輪選手になってからGⅠタイトルを獲得するまで、そして、そのあいだに見てきた僕なりの競輪選手像について書きました。この第4章では、「勝つため」に僕はどういうことを考え、行動しているのか。また、勝つためにすべき覚悟などについてもページを割いていきたいと思います。

最初にお伝えしたいのは、競輪選手である以上、死を覚悟する必要があるということです。僕が以前やっていたスピードスケートでは、空気抵抗を少なくするために、着用するのは軽くて薄い素材のワンピース1枚だけというのが常識でした。となれば、滑っているときは思い切り寒風を体に浴びることになる。目一杯の前傾姿勢を取るので顔が地面にとても近いということも手伝い、スピード感は競輪よりも上だと思います。

また、競輪場のバンクのようにカント（傾斜）がないので、コーナーは左足1本で曲がっていく感覚です。コーナリングに失敗して転倒すると、氷上を何十メートルも滑って壁のクッションに激突することになる。トップスピードでコーナーに突っ込んでいくときはかなりの恐怖をともないます。僕はその恐怖を30年近くも体感してきたから、怖さには慣れていたつもりでした。でも、時速60キロで人と争い、体をぶつけ合いながら1着を目指す競輪には、質のちがう恐怖感がありました。

競輪学校では、「危険なので横への動きはしてはならない。できる限りまっすぐ走ることを心がけるように」と教えを受けます。しかし、実戦になるとそんなことは言っていられません。内側からいきなりすくわれたり、外側から押圧《おうあつ》されたり、ほんの少しの隙間をこじ開けられたり……極論すれば、相手を落とさなければなんでも「アリ」の世界なのです。

スケートも転べば痛い。ただ、骨折まではしたことがありませんでした。でも、競輪で転んでコンクリートのバンクに叩《たた》きつけられれば、骨折は日常茶飯事。ときには命の危険だってある。以前よりも安全対策がなされてきたとはいえ、それでも無傷では終わりません。

むかしから、「競輪選手は危険な商売だから生命保険に入れない」と言われてきましした（一般的には保障内容に制限が加えられるだけで、職業によって加入自体を断られることはない）。レース中の事故はもちろん、街道練習中の事故なども起きるリスクが高いからでしょう。

それから、「落車がなければ最高の商売だ」なんて選手がよく言うのですが、それほど落車で負う怪我が大変なものだということです。

実際に、僕も参加していた開催で胸が締めつけられるような不幸な事故を目撃しました。2008年のオールスター（一宮《いちのみや》）で、内田慶君《うちだけい》（栃木87期）が顔面から落車してしまい、27歳の若さで帰らぬ人となりました。誰が悪いということではなく、本当にレース中の事故でした。そんな一大事があってもそのあとのレースは続けられるし、翌日も開催は続いていく。開催中、内田君のことを考えれば考えるほど胸が苦しくなりました。それでも選手はみんな自分のやるべきことを淡々とやっていたように思います。それが、僕のいる競輪という世界なのだと感じたものです。

しかしなぜ、僕も含めた選手たちは、そこで淡々とやるべきことができたのか。それはおそらく誰もが競輪選手である以上、死を覚悟しているからではないでしょうか。そうでなければ、自分と同じ仕事をしている人間が目の前で亡くなったことを受け入れられるはずがありません。人は誰でもいつかは死を迎えるし、永遠の命なんてものはない。僕たち競輪選手はその覚悟を持って走っているのです。

「レース中に選手が死んでしまって、それでもいいのか！」というお叱りを受けるかもしれません。でも、危険な動きがあるのも競輪だし、そういう部分も含めてのプロスポーツだと思っています。

落車に負けず肉体と心を奮い立たせる

いいことがあれば悪いこともある。人生とは、その繰り返しです。競輪選手にとっていいことと言えば、当然レースに勝つこと。一方で悪いことと言えば、いのいちばんにくるのが落車です。調子が上がってきて、「さあ、これからだ！」と思っているときに落車でリズムを狂わされるのがよくあるパターンです。落車をすると体のバランスが完全に崩れてしまうので、体づくりはまた一からやり直しになります。もちろん、通常行っているような練習もできませんから、筋力も完全に落ちてしまい、これもまた一からつくり直す必要が出てくる。

僕も、何度もその繰り返しを味わってきました。でも、身内には心配をかけてしまいますが、選手は怪我も仕事のうちと慣れてしまう一面を持っています。競輪選手にとって肋骨の骨折ぐらいはかすり傷程度の扱いで、休まず走ってしまう選手が大半なのです。笑ったりくしゃみをしたりすると痛いのに、自転車に乗っているときは意外と平気だから不思議なものです。

普通の人ならしばらく寝たきりのような入院でも、選手はすぐに体を動かします。怪我をすれば休むのが一般的な考えですが、科学的にも体を動かしたほうが回復は早いとされているので、「休む」より「動く」を優先するのです。もちろんそれだけが理由ではなく、レースを走らないと「稼げない」という現実があることも忘れてはなりません。

落車というのは、したい選手もいなければ、させたい選手もいません。みんな命や人生を懸けて走っていると思うし、そこは選手同士がお互いにわかっていることでもある。それでも、紙一重の勝負になってくるとどうしても事故は起こってしまうものです。予測して落ちるのを避けることは、やろうと思ったらやれなくはない。でも、「ここのコースを突っ込めば1着が狙える」と咄嗟《とっさ》に判断したら、危ない場面でも落車覚悟で突っ込んでしまうのが競輪選手の性《さが》です。

落車を避けることは簡単にはできませんが、意識すべきことはあります。殺気立っているような精神状態だと事故になりやすいので、平常心でいることがなによりも大事。だから、落車は相手のせいではなく、むしろ自分の責任と思っていないと前に進めません。

そうは言っても落車の怪我は本当にきつい……。かなりいいスピードが出ているときに生身の体でコンクリートに転がされるわけですからね。交通事故に遭った人などがよく言いますが、落ちるときはまさにスローモーションです。落ちたときの衝撃は首や頭にも強烈にくるし、打ちどころが悪いとしばらく意識も遠くなり動けないほどの痛さを伴います。

通常レース中に落車が起こると、次の周回でレースを続けている他の選手たちに轢《ひ》かれないよう、係員によって安全な位置まで避難させられます。足をペダルに固定しているので、自転車ごとズルズルと引きずられながら。

最終周回に落車した場合、他の選手はゴールをしてしまいますから、まずは動かされずに再乗する意思があるかを確認されます。その選手が「乗る」と言えば放置され、自力で起き上がり自転車に再乗してゴールを目指します。仮に自転車が壊れていても、ゴール線まで30メートル以内であれば、自転車を抱えたまま歩いてゴールすることが許されています。しかし、再乗が「無理」と言った場合には係員の手が入り、自力歩行で戻れない状況なら担架を積んだカートに乗せられて医務室まで運ばれます。

ごく稀《まれ》に、選手を動かさずに医師がその場に向かうときがあります。これは生死にかかわるような危険な状態。落ちた選手がいびきをかいたまま意識がなくなっていたり、呼吸停止や心肺停止に陥っていたりするような状況と考えられます。

落車したすべての選手は医務室に行きます。そこで医師によって体を動かしていい状態かを確認され、頭などを強く打っていたり、骨折の疑いがあったりする場合は安静にさせられます。しかし、打撲や擦過傷だけと判断されると、ここから荒療治がはじまる……。

落車の擦過傷というのは、いわば火傷《やけど》を伴った擦り傷です。子どもが転んで膝《ひざ》を擦りむくレベルなら唾《つば》でもつけて絆創膏《ばんそうこう》を貼っておけばいいかもしれません。ですが、落車してコンクリートでできた範囲の広い擦過傷は、放っておくと雑菌が入りすぐに炎症や化膿《かのう》を起こしてしまいます。

ならば、そうならないための処置が必要になる。ここからが本当にきつい。まず、同県の選手や看護師らで落車した選手を動けないように押さえ付け、擦過傷の患部を乾いたタオルでゴシゴシと擦《こす》ります。これは、消毒の前にコンクリート片や小石などを完全に除去した状態にするためなのですが、擦られているほうはまるで拷問を受けているような痛みを感じます。ですから、大の男が悲鳴をあげているシーンをしょっちゅう目撃します。

そんな擦過傷も、選手にとってはいつものこと。痕《あと》は残ってしまっても、時間が経てば痛みは治まるものです。一般人からすれば想像を絶する痛みですが、選手間ではそこまで心配されないので、後輩が擦られて痛がっているのをニヤニヤ笑って見ている悪い先輩もいます。

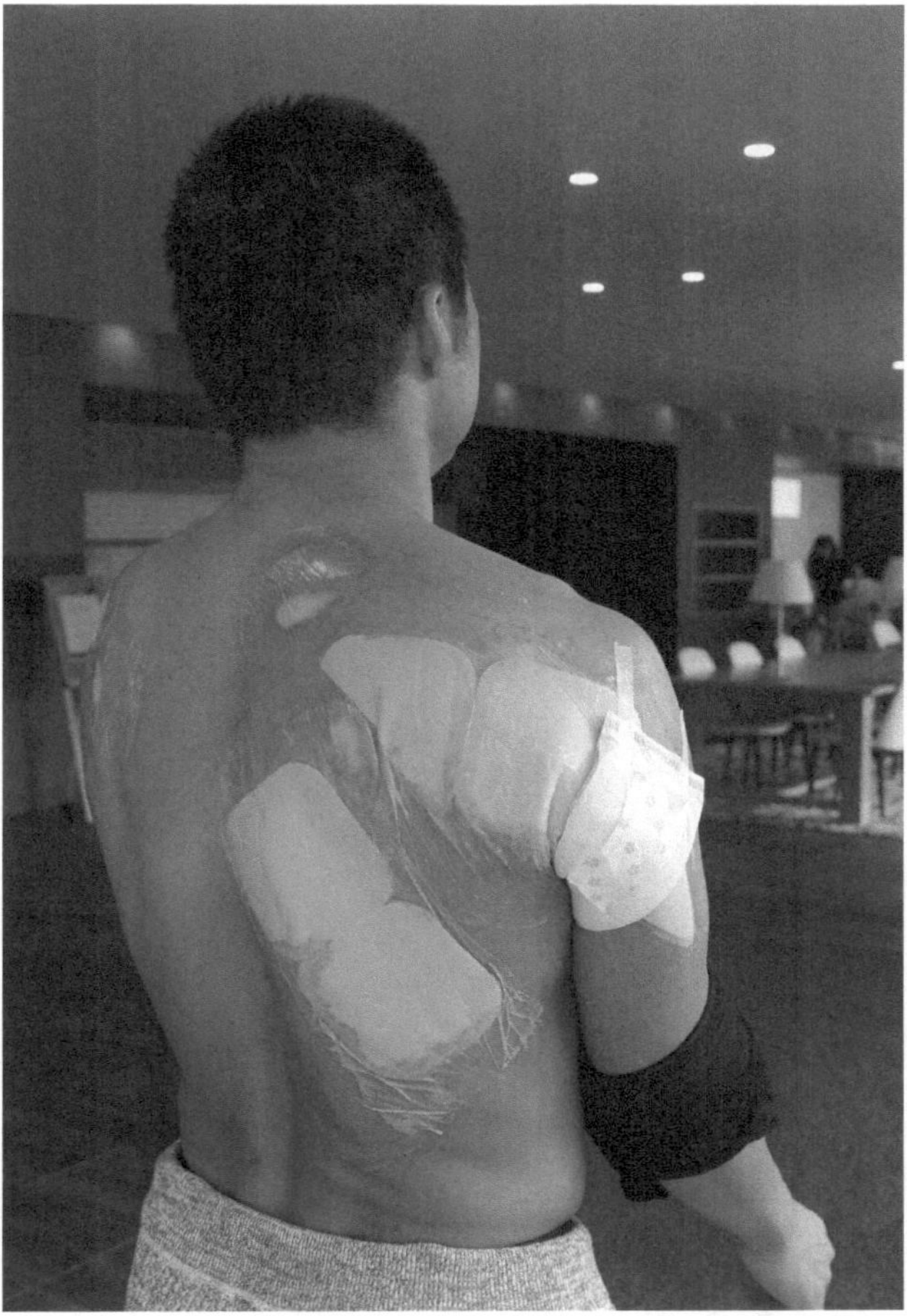

2018年8月、オールスター（いわき平）準決勝で落車した5日後の写真。背中全体に擦過傷があり、痛みは酷く日常生活に支障が出る（写真／編集部）

また、競輪選手はよく「落ちるときはハンドルから手を離すな」と言われます。そのほうがぐっと体に力が入るし、体勢を維持することで、車でいうロールバーの役割を体がするということなのでしょう。

でも、僕は勝負服の下にプロテクターを着けていないので、それをやると擦過傷が酷《ひど》くなってしまう。だから、邪道かもしれませんがグルグルと転がって衝撃を逃がすようにしています。

コンクリートの摩擦は本当に痛くて、酷い擦過傷になると地方の病院では手の施しようがなくなることも珍しくありません。「治療できないから帰ってくれ」と言われたことは何度もあります。でも、僕がお世話になっている都内の病院では最新の治療が受けられる。他の病院では断られるような症状でもすぐに診てもらえるのはとても助かります。

実際、怪我が理由でなかなか本来の力を取り戻せない選手、そして、やめていく選手は多くいます。自分で決断するのか、家族から言われるのか――大怪我をするまでは落車を恐れずに走っていても、そんなことを何度か繰り返しているうちに、いつかはきっと「もういいよ」「もう無理だよ」と思う時期が訪れるのかもしれません。

その気持ちは若いときにはわからなかったけれど、最近は少しわかるようになりました。

怪我をするとパフォーマンスはガクンと下がるし、当然、自分の走りもできなくなる。それでも「勝ちたい」と思うから、ひたすら心身を奮い立たせて前進する気になる。まだまだ走る意欲があるあいだは、何度落ちても何度骨を折っても、僕は走り続けるつもりです。

「40代の肉体」の衰えに抗わない勇気

僕も今年で45歳になりますから、怪我が治りにくくなるのはもちろんのこと、ハードな練習をしたあとに体が回復するのにも時間がかかるようになりました。僕が競輪でデビューしたのはアスリートの肉体のピークが過ぎてしまった30歳目前ですから、競輪選手としての肉体的な満足感を得たことはありません。

「自分の限界を超える」と常に思ってやっているからこそ、抗《あらが》えない体の変化というものには寂しさを覚えます。

それでも30代のときは、それこそ本当にぶっ倒れるくらいまで練習したし、量をいくらでもこなすことができた。１日のなかで午前と午後にわけてトレーニングをして、昼休みにはしっかりと昼寝をするなどして体はベストな状態を保てていたように思います。35歳くらいまでは、毎日の練習が充実していたのではないでしょうか。

40代になったいまでも、トレーニングの量だけなら若いときと同じようにこなせます。ただ、疲労の回復度がまったくちがう。「これだけ練習をやったら、これだけ体を休ませなければいけない」と逆算してメニューを考えるようになっているのです。これもまた、自らの肉体の衰えを感じる寂しさの原因なのでしょう。

レースで勝って精神が充実するのは一時的なものに過ぎません。本当に自分に自信が持てるのは、充実した練習ができたとき。最高の練習ができることは、レースで勝つよりも精神や肉体の満足度が上まわります。


よく、S級上位で戦う選手たちは「次のGIレースに体のピークを持っていく」とインタビューなどで語ります。それは、競輪の最高の舞台で最高のパフォーマンスをするために、数カ月前からその開催に照準を合わせて体を仕上げていくということを指します。もちろん僕もGIを走りますから、そこにピークを持っていくことになる。

その仕上がりのピークですが、これは若いときといまではつくり方がまったく異なります。40代も半ばに差し掛かったいまは、肉体を追い込んで疲れを残すよりもちょっと練習不足くらいのときにピークがくるようです。でも、その調節が非常に難しい。持久力や瞬発力の数値は維持できても、疲労を回復させる時間を設けなければ絶対に勝てない年齢になっているのです。

「まだまだハードな練習を頑張れる」と自分に立ち向かっては、「これ以上、練習をやってはいけない」と自分に言い聞かせることを繰り返す毎日。若いころの自分の影を追いかけたり、追うのをやめてみたり。衰えには抗えないという現実に向き合うのは、スポーツ選手として苦しいことです。

しかし、このいまの肉体を受け入れなければなりません。いくら抗ったところで、体の細胞がどんなハードな練習にも耐えられた20代のころに戻ることはないのですから。言ってみれば、「衰えに抗わない勇気」を持つこともまた、ベテラン選手に必要なことなのです。

人間の体は精密機械のようなもの

僕は「ハードな練習をこなすことでいまの自分をつくってきた」「そういった練習を淡々と日々繰り返してきたから、トップに立てた」という自負を持っています。

40歳を過ぎてからも、「もっと自らの肉体を練習で追い込んだ先には、なにかがあるんじゃないか？　なにかが見えるんじゃないか？」と思いハードなトレーニングに挑んでしまったこともありました。しかし、力が上積みされるどころか、オーバーワークになってパフォーマンスは下がってしまうのです。

それでもまた、調子が上がってくると猛練習をしたくなるから困ったものです。すると今度は、「いや、やっぱりそれはしてはいけない。それをやったら、これまでの調整が無意味なものになってしまう」と、心のなかで葛藤《かっとう》することになる。残念なことに、ただハードにやっていては、確実にパフォーマンスが落ちてしまう年齢になってしまったようです。そこで必要になるのは、より自分の肉体を知ること。

そうするためには、実年齢、そして、ここまでやってきたキャリアの勤続疲労だけでなく、怪我の後遺症というものも計算に入れないといけません。アスリートとして長年やってきた自分の体には錆《さ》びついてしまった部分もあるし、完治しないような怪我がいくつもあります。結果的に、練習をやればやるほど痛みが出てくることになる。17年に負った骨盤骨折の部分が痛んできたり、古くから故障気味の左膝が凄《すご》く痛んで歩くこともままならなくなったりすることも珍しくありません。

練習をやればやるほど痛みが出てくるから、どこかで休みを入れて回復をうながすしかない。そういう作業をしながらビッグレースを迎えないといけないので、人間の体の構造などをしっかりと理解し、試行錯誤を繰り返して自分の体を知るようにしています。

40代半ばになった僕の肉体がきちんと回復するのに、果たしてどのぐらい時間がかかるのか——これまで、専属のトレーナーと相談するだけでなく、自分でもいろいろと試したことがあります。一度、自分の練習メニューのなかでも超ハードなトレーニングをしたら、どれくらいの時間で疲れが抜けて同じような練習を再開できるのかを正確に計測したことがあります。

なんと、次にまた同じトレーニングができる状態になるまでには、実に73時間もかかりました。ただこれは、若いころであればすぐ次の日にできたようなトレーニングです。そういうことがわかってくると、若い弟子たちとハードな練習をするような日は、朝からかなりの覚悟を持って家を出ることになります。

この年齢になっても競輪のトップクラスで走れているのには深い意味があるし、やっていなかったらわからなかったことがたくさんあったでしょう。自分の肉体と自転車だけで勝負する競輪という競技だからこそ、自分の体を知ることはもの凄く大事なことだと感じています。たとえるなら、人間の体とは精密機械のようなものかもしれません。細かい一つひとつの部品まで熟知し、どうすればきちんと機能するかをよく知る。そして、毎日のメンテナンスを執拗《しつよう》に繰り返す。
そうやって、戦える体を保っているのです。

45歳の競輪選手の調整法

自分自身の肉体を理解していくと、いつしか自分ひとりだけで効率を求めた練習をやりたくなっていきます。もちろん弟子をはじめとした他の選手たちと一緒にやる練習も大切なのですが、周囲のペースに惑わされないひとりがいいこともあります。

ここでは、いまの武田豊樹という競輪選手がどんな調整法をしているのか、勝つためにどんなトレーニングをしているのかに触れてみます。

まずもっとも重要なのは、次のレースに参加する日から逆算し、疲労を残さないようにトレーニングの計画を立てること。それができなければ、この年齢になって若いトップレベルの選手たちと対等に戦うことはまずできません。

レースの何日前にコンディション確認をするか、何日前までは追い込んだ練習をするかなどは、そのときの体の状態によってもちがうので一概には言えません。ただ、おおまかに言えば、「疲れていたら休むし、疲れていなかったら練習する」ということに落ち着きます。

この表現はとてもアバウトに聞こえるかもしれませんが、自分の肉体が若いころとはちがうという現実がある限り、その時々で対応するしかないわけです。もちろん、その「対応力」こそが、この年齢で戦える最大の武器になる。僕に限らず、ベテラン選手たちは必ずその対応力を身につけているはずです。

レースが終わったら、まず体を休めることに集中して、そこから激しいトレーニングに順応させるには少し時間が必要になります。徐々に慣らしながら練習を再開し、持久力を取り戻しながら瞬発力を上げるトレーニングをしてレースに行くというルーティンです。もちろん、疲れたままレースに行ったら自分の走りはできませんので、レース直前などはかなり軽めの調整で肉体を休ませることを意識します。

では、そのあいだにどんな練習をしているのかということですが、通常であればこのようなことをしています。

競輪場のバンクではスピード練習や実戦形式に近い練習をします。オートバイの後ろにピタリと追走する「バイク誘導」という練習は、バイクの力を借りて最大限のスピードを引き出す練習。何人かで一列に並んで周回をし、先頭（風よけ）を交代しながら行う「ロケット練習」は、スピード強化や緩急に対応するのに役立ちます。

持久力を高めたければ、街道に出て「ロード練習」をします。僕が練習をしている茨城県内は見通しのいい道路や勾配《こうばい》のきつい山岳地帯もあって、バリエーションの豊富な練習を行うことが可能です。

総合的に体力をつくるのは、ウエートトレーニングなどの室内練習がメインとなります。僕は、もしかしたら他の選手に比べてここの比重が大きいかもしれません。僕には専属トレーナーが付いています（筑波大学でウエートトレーニングなどの専門的な理論を学んできたプロフェッショナル）。そのトレーナーにくわえて、室内でやれるワットバイクという固定式の自転車を使った練習メニューの作成を任せるトレーナーもいます。トレーナーとの信頼関係があることで、僕はメニューを模索したり悩んだりすることなくトレーニングに集中できているのです。


ただ、ここでひとつ思うことがあります。若いときの僕は、練習がきつくてレースが楽に感じていました。でも、ある時期からそれが逆になり、いまではレースがきつくて練習が楽に感じるようになっているのです。

その理由は、年齢とともにレース中における仕事の内容が変わったことにあります。

練習よりもレースがきつい

30代のころは、単純に勝利への渇望がすべての原動力になっていました。デビューからずっと、ほとんどのレースでラインの先頭を走っていましたから（先行や捲《まく》りで戦う）、しっかり練習をしてその力を本番で出すことでシンプルに勝てていた部分が大きかった。スピードスケートで大舞台を経験していることもあってか、実際に本番で力を発揮することに関しては他の選手よりも長《た》けていたように思います。

ただ、デビューして10年くらいで大きな変化が訪れます。40歳という年齢になると、思い通りにいかないことがだんだんと増えてきたのです。トレーニングしたのにレースでうまくいかなかったり、レース中も頭と体の反応にズレがあったり。さらには、関東ラインの若い選手に前を任せる機会が出てきて、レース中におけるいままでとは別の〝仕事〟が増えたのです。

そうなると、まわりの見る目もまた厳しくなってきます。競輪というのは弱みを見せればいくらでもつけ込まれる世界ですから、僕の競《せ》り（他のラインの選手と、頭や肘《ひじ》、または肩などを使って好位置を巡り競り合う行為）が弱いとか、先行選手の番手（先行選手のすぐ後ろ。勝利にもっとも近い位置とされる。競走得点や格などでその位置をまわる序列が決まる）をまわる資質がないと判断されれば、別ラインの選手にとってつけ入る隙になるわけです。もっと言えば、同じラインの選手も僕の位置を主張しないとは限りません。

誰かの後ろをまわるというのは、勢いのある先行選手を目標にできることを意味し、それはそれでありがたいことでもある。もちろん、いつまでも自力で戦うわけにもいかないのは年齢的にも仕方ないこと。年齢とともに戦法を変えていくのは競輪選手として自然の流れだと言えます。ただ、その一方で先行にこだわりたい自分もどこかにいる。すると、番手をまわる機会が増えたことで、「やりたいこと」と「やらなければいけないこと」にズレが生じ、葛藤するようになったのです。

レースに参加しているときも、体やトレーニングのことだけでなく、その開催中におけるラインの並びであったり、今日のレースや明日のレースの作戦であったりと、考えることが急に多くなりました。極端に成績は落ちなかったにせよ、「非常に難しい段階にきたな」と自分では感じていました。

先行選手として前を走っていたときは、自分の力を最大限に発揮することで自分も勝てたし、ラインの仲間もいい着順でレースを終えることができた。だからこそ、練習はきつかった反面、レースはそれほど苦しいものではなかった。つまり、先行していたときは、練習でやったことを出し切れさえすればよかったのです。

ただ、ベテランになり番手をまわるようになったことで、練習ではなくレースがきつく感じるようになってしまった。自分の力も衰えているので、当然ながら以前のように先行で逃げ切ることはできない。番手をまわるレースは先行選手や３番手の選手と作戦も入念に練る必要もあるし、先行選手が仕掛けてくれなければレースがはじまりません。つまり、自分の力だけでは着順を上げることもできないのです。

それこそが、「難しい」と感じる要素でした。

対策としては、着順を気にするよりもそのレースでとにかく最善を尽くすということに重きを置くように意識します。かつてのような自力のレースではなく誰かに前を任せるわけですから、なかなか思い通りのレースにはならない。それでも、故障続きの肉体で厳しい練習をしているのだし、もっともっと勝ちたいのはあたりまえです。でも、勝つことだけを考えるのではなく、勝つために最善の努力をして、最善のレースをすることが大事だと思うように気持ちを切り替えました。

きちんと仕事をしていれば、いずれチャンスは訪れる。

そのチャンスが訪れたときに、必ず射止めることができる自分でいることを常に心がけるようになりました。

KEIRINグランプリは1日にして成らず

どのレースにおいても、勝利するのは「勝つほうを選ぶ」ことができる選手です。ここで言う「勝つほうを選ぶ選手」とは、しっかりと準備をして、強い気持ちでレースに臨み、本番で持てる力を発揮できる選手を指します。

一方、準備段階のどこかで妥協してしまったり、レース中に過剰なまでにまわりの選手に遠慮したり、「ここぞ」という場面で仕掛ける勇気が持てずに力を出し惜しみしてしまうのが「勝つほうを選ばない選手」ということになると思います。大きなレースになればなるほど、勝つほうを選ぶ側でいないと、すぐに淘汰《とうた》されることは言うまでもありません。

2018年12月30日に行われたKEIRINグランプリ。静岡競輪場は2万人を超えるファンでびっしりと埋め尽くされ、優勝賞金1億円を目指してその年のトップ9がしのぎを削った。左から2番目の8番車が僕（写真／村越希世子）

ＧＩの決勝戦というのは「勝つほうを選んだ」人間の集まりで、そのなかで勝つというのは自分に課すもっとも厳しい目標設定となります。ただ、その目標を少しでも下げてしまうと、ギラギラした超一流選手たちのなかで戦うモチベーションは維持できなくなってしまう。いや、一度目標を下げた時点でＧＩの決勝に乗るどころか、ＧＩレースに乗ることすらできなくなるはず。それほど、競輪というのは厳しい世界だと思います。

年末のグランプリに出たいという気持ちはあっても、出場権を得るにはＧＩで結果を残さなければなりません。つまり、グランプリのことを考えるのは、あくまでも「乗れる」と決まってからのことなのです。

さらに言えば、GIだけが大事ではないという側面もある。どのレースでも1戦1戦をしっかり戦って賞金を積み重ねていくことが非常に重要になるからです。


グランプリの選考基準は、以下の3つとなります。

①GI優勝者
②選考委員会がとくに認めた選手（例・オリンピックのメダリストなど）
③選考用賞金獲得額上位者

結局、最高の舞台であるグランプリに出るということは、1年を通じてどう戦ったかの結果であるということ。そして、1年を通じてレースで力を発揮するというのは、その前の1年をどう戦ってきたかの成果に他なりません。「ローマは1日にして成らず」という格言があるように、「KEIRINグランプリは1日にして成らず」なのです。

努力を積み重ねていった先にグランプリがあるのですから、1戦たりとも無駄にしていいレースは存在しないのです。

残り1周半の合図「打鐘の音」は聞こえない

発走前の一瞬の静寂――。
息をのんで号砲《ごうほう》を持っているあいだは、どんな競技においても緊張感と集中力がＭＡＸに高まっている瞬間です。スピードスケートから競輪の世界にきて、いちばん「似ているな」と思ったのがこの号砲を待つ瞬間でした。

むかしはレースの日になると、朝からピリピリとした空気を出していました。そうでもしないと、集中力を高めることができなかったのです。でも、キャリアを積んで心の落ち着かせ方がわかってきたいまは、号砲前の一瞬で集中できるようになりました。ただ、落ち着き過ぎると弊害もあって、集中するということを意識しないと気持ちを昂《たかぶ》らせられなくなった節もあります。そのバランスが難しいところですが、勝負に挑む限り集中力というものは絶対に欠かせないものです。

号砲が鳴りレースがはじまってしまえば、最初に取ったポジションによって戦術は数パターンに絞られます。もちろんそこでの戦術は凄く大事になってくるのですが、レース中に頭であれこれ考えていると、そのぶんエネルギーを使うのでできる限りシンプルに走ることに集中していきます。

経験値が上がってくると、「これはあのときと同じパターンだな」などと頭のなかで過去の映像がスローモーションで再生されるようになる。実際にはほんの一瞬ですが、この映像が見られたときは体も自然と反応してくれます。

ところが、経験のない選手は過去のデータがないから慌ててしまったり、集中し切れなくなったりしてしまう。やはり、不安がないほうが慌てずに落ち着いて走れるし、運も自然とそっちに向きます。勝負事は焦ったら負け。競輪という競技において、若さや勢いを経験が凌駕《りょうが》できるのはこういった点なのでしょう。

集中と言えば、打鐘《ジャン》（「だしょう」とも呼ぶ）の音も関係してきます。

競輪競走では、バンクの周長やレースの距離に関係なく、レースの残り1周半を知らせる合図に半鐘を鳴らします。係員が木槌《きづち》で半鐘を叩くこの音が「ジャーン！　ジャーン！」と聞こえることから、「ジャン」と呼ばれるようになりました。

レースのクライマックスを告げる音ですから、「打鐘の音で選手の闘争本能に火がつく」

と、競輪マンガなどで表現されることがあります。お客さんのなかにも、ジャンが鳴るとアドレナリンが出る人もいるはずです。しかし、これを話すと本当に驚かれるのですが、実際にはまったくと言っていいくらい僕には打鐘の音が聞こえていません。だから、その音で興奮したこともないというのが実情です。

打鐘の音がしたら残り1周半——。まさに「勝負のとき」。なのに、選手にはあまり聞こえていないとなれば、拍子抜けする話ですよね。

集中力が高まり過ぎてそうなるのかもしれませんが、僕が考える理由があります。きっとむかしよりも最近の競輪はレースの動き出しが早く、打鐘が鳴るころにはトップスピードに近い速度で走っていて、鐘の音は風圧の「ゴー、ゴー」という音にかき消されてしまうのかもしれません。

そんななか僕がレース中に意識しているのは、自分が目標にした選手の呼吸や別線の選手の気配などです。S級上位の自力選手のダッシュ力は強烈ですから、離れずに付いていくためにはコンマ何秒の遅れが命取りになってしまう。ですから、仕掛けたときにピッタリと付いていくために、目標にした選手の仕掛けるリズムや呼吸に集中しているのです。こういった極限の集中状態のなかでは、風の音すら気になっていません。

お寺行きの憂鬱

選手がレースで失格と判定されるのには様々なケースがあります。多いのは、「押し上げ」、「押圧」、「斜行《しゃこう》」など。横にいる選手を押し上げて落車させてしまったり、外側から押し込んで自転車を故障させたり、斜めに走って自分の後輪で後続選手の前輪を引っかけてしまうのは、誰の目にもあきらかなわかりやすい失格の例です。それから、走行車線内を走っている選手を内側から抜いてしまう「内側追い抜き」もよくある事例でしょう。

選手は失格などによって事故点が累積されると、出場停止（斡旋《あっせん》停止）などの処分がくだされるか、違反訓練というものを受けなければなりません。

違反訓練のひとつには、特別指導訓練があります。これは数日間、選手会が実施するもので「初心に返って反省しなさい」ということ。

この訓練を命じられたら、その期間は伊豆にある日本サイクルスポーツセンター内の施設で寝泊まりをします。朝から散歩をして体操をして、ＯＢから「我が競輪人生」のような訓示を聞き、思いを新たにします。午前中はこんな感じで過ぎていきます。

昼食のあとは技能訓練が待っています。その訓練をして、お風呂《ふろ》、夕食が終わると、夜にも講義は行われます。僕が行ったときには、ドキュメンタリー番組の録画を見せられました。ジャンルのちがう「職人の仕事」を見せることで、「プロの極意を感じ取れ」という意味なのですが……少し退屈する時間かもしれません。

強制訓練期間中は当然ながらお酒は飲めないし、自由な時間もほとんどありません。ただ、拘束されるわずらわしさはあっても、練習をさせてもらえるだけマシでしょう。1日もそんなに長くは感じません。

ところがもうひとつ、選手がもっとも嫌がる「お寺行き」という〝別格の罰則〟が存在します。車でたとえるなら、競輪学校が「違反者講習」で、お寺行きは「交通刑務所」といったところでしょうか。

京都の黄檗山萬福寺《おうばくさんまんぷくじ》で行われる違反訓練を「お寺行き」と呼び、僕も過去にその違反訓練の経験があります。それが決まると、数日前からテンションはガタ落ちに。罪の重さによって日数が変わり、罰則が重いと6泊7日にもなります。修行と銘打ってはいるものの、肉体を武器にする選手にとってはある意味かなり厳しいものです。

早朝から境内を掃除して、坐禅《ざぜん》を組んで、お坊さんの説法を聞かされる。その間、選手はみんな一様に暗い表情をしています。食事は質素な精進料理が出てきます。体重制限のない競輪選手は食べたいだけ食べる生活に慣れているので、これがまた最高に苦しい。帰るころには数キロほど痩《や》せているのが普通です。当然、トレーニングができないので筋力も落ちてしまいます。とくに冬場にこの罰則を食らうと、尋常じゃない寒さが待っていることにもなる。その寒さで、体調を崩してしまう選手もいるほどです。

競輪場の宿舎と同様に、お寺も基本は４人部屋。普段の競輪宿舎は気心の知れた同県の選手と過ごすのでストレスはあまりないのですが、お寺だといままで話したことのない選手たちと一緒の部屋で過ごすことになる。すると、やっぱり落ち着かないし、変に気をつかってしまい精神的にも辛《つら》い状況に追い込まれていきます。それでいて参加費は自腹で数万円を徴収されるわけですから、本当にいいことなんてひとつもありません。

ただ、ここにもまた競輪だからこその厳しさがあるのだと思います。

競輪が命懸けの競技であるからこそ、危険な行為は厳しく罰する。ファンの信頼を裏切らないようにしっかり精神を磨く。お寺で苦行をさせられるのは、このような意味が込められているととらえています。

長期欠場期間に得られる「気づき」

03年のデビュー戦の鎖骨骨折にはじまり、僕の競輪人生には、怪我であったりペナルティであったり、何度かにわたって長期の欠場を余儀なくされる場面がありました。13年のGⅢ・よさこい賞争覇戦（高知）の失格（追走義務違反）で4カ月の処分を受け（自粛欠場＋斡旋停止）、同年末の選手会騒動においては、翌年3月の審議委員会で1年間の自粛勧告を受けました（実際の処分は3カ月）。また、17年には骨盤骨折という人生でいちばんの大怪我を負い、復帰には約3カ月を要しました。

もちろん、ペナルティを受けたときは、しっかりと反省することを意識しています。ペナルティだけでなく落車もふくめ、とくに40代に入ってからはいろいろと起きることもひとつの事象としてとらえ、あまり極端に一喜一憂しなくなりました。それに、欠場期間であっても準備をしなくていいわけではありません。何カ月先であっても次のレースはあるし、淡々と次に向けてトレーニングをするのがプロとして当然のことだからです。

怪我の場合であれば、本当に休んでしまうか休まなかったかが勝負になる。当然、休まない選択をするわけで、怪我をしていても動かせる筋肉は動かします。腕だろうが鎖骨だろうが、上半身の骨折だけなら歩けるし軽く走ることもできる。そうすることで血液の循環も良くなり、怪我の治りも早くなる。寝ていれば寝ているほど筋力は低下するし、病院にいればいるほど体は悪くなるというのが僕の持論です。薬だって、1日も早く飲まないようになりたい。だからこそ、早く治すための努力をする。

僕は、トレーナーや病院の先生、そして家族という自分をサポートしてくれる人たちに本当に恵まれています。17年の骨盤骨折は、後遺症こそあったものの2カ月強でレースに復帰することができました。通常なら半年かかってもおかしくない大怪我でしたから、競輪関係者や周囲の選手も驚いていたほどです。それはもちろん、サポートしてくれる人たちの力が大きかった。

それにしても、競輪で負う怪我というのはたしかに痛い。でも、体だけでなく自転車が壊れてしまうのがさらに痛い。それは、フレームをつくり直す金額だけの話ではありません。フレームはサイズから硬さまで一から考えて職人につくってもらいます。自転車ができたら、今度は乗りながらセッティングを調整して、自分の体になじませていく。そこまで時間をかけてコツコツとやってきたものが、落車によっていったんゼロになってしまうわけです。

「同じフレームで同じセッティングをすればいいのではないか」と思われがちですが、同じ寸法でつくったフレームでも、まったく同じ感覚にはなかなかならないのです。プロ野球選手がバットを同じ素材、同じ長さや重さでつくっても、しっくりくるバットに出会えないのと似ているかもしれません。

でも、そこで落ち込んでいてもはじまらない。真新しい自転車にまたがったとき、僕はいつも「また自分が再生する機会を与えられたんだ」と思うようにしています。

1戦1戦が稼ぐ場となる競輪選手にとっては、休まないといけない状況というのは非常に残念なことです。でも、少し視点を変えれば、いままで見えていなかったことが見えるようになるときでもある。

自分が参加していないビッグレースを客観的に見て、相手や仲間の知らなかった特徴を知ることもあります。そして、次のレースまで十分な調整期間があるから、いままで試せなかったトレーニングをして体をつくり直すことだってできる。落ち込んで下を向いていたら、そういった〝気づき〟は得られない。だからこそ、前を向くしかありません。

長期欠場を無意味なものにするのか、意義あるものにするのかは、自分次第なのです。

勝負勘と勝負運

若いころの僕は、自分のことを勘が鋭いほうだと思っていました。事実、レースの前に「今日は勝てる」と思えばほとんど勝てたし、「もしかしたら落車があるかもしれない」と頭によぎったときは、だいたいの場合でレース中にアクシデントが起こったものです。

それはもしかしたら、若いからこその勢い、若いからこその鋭さがあったからでしょう。「勝てる」というのは直感もあるし、力でねじ伏せることができていたのかもしれません。「落車があるぞ」というのも、危険察知のアンテナがビンビンに立っていたから。アフリカのサバンナで生き抜く猛獣たちが、命を狙われている状況を一瞬で判断するように、僕にも危険な匂いを嗅《か》ぎつける能力があったのでしょう。

でも、年齢を重ねてあまり勝てなくなってくると、不思議なもので感覚がどんどん鈍ってくる。そういった自分自身の経験からも、勘というものには年齢的なピークが存在するように感じるのです。

逆に、年齢を重ねてくると分析力は上がっていきます。自分が出るレースのメンバーを見て「これはついてるぞ」と感じたときには、だいたい勝ち上がることができます。分析力は経験とデータにもとづいたものなので、正確さはどんどん増しているようです。

そもそも若いころは、運がいいとか、運が悪いなどと考えることすらありませんでした。勝利は自分の力だけでものにできると信じていたからです。それが若さでしょうし、勢いのある者のみが得られる特権と言ってもいい。でも最近では、勝つのに必要なのは「脚力＋運」と考えるように変わってきました。

運に関しては、いろいろな考え方があると思いますが、僕自身は強運の持ち主ではないと考えています。運を呼び込むのは、結局は自分がしっかりと準備をすることに尽きます。そして、僕はもともと信心深いほうでもありません。30代のときにはグランプリやＧＩなど、大きなレースの前に必勝祈願に行くこともありました。でも、いままでその習慣が続かなかったところを見ると、結局そういうことが好きではないようです。

最近では、娘を連れて散歩がてらに神社まで出かけてお参りをすることがあります。でも、そこで願うのは自分のレースのことではなく、家族の健康に変わりました。競輪のことで神頼みはしないようにしています。

ただし、いい流れ、悪い流れがあるというのは勝負師のひとりとして感じることがあります。流れが変わるタイミングがどこになるかは、まだ自分でもわかりませんし、コントロールすることもできない。そういう「流れ」というのは、それこそ空気のようなものだからです。人の気も知らずに気ままに動いているような見えないもの——。

それが、流れの正体なのかもしれません。

そして、こうも思います。

いい流れは、「流れがいい」と意識した瞬間に止まってしまうもの。

悪い流れは、意識しなくなったときにふっと消えていくもの。

いざ、競輪界の頂へ

13年後期から14年の中旬にかけては、高知記念での失格による斡旋停止や、選手会騒動による出場の自粛などがありほとんどレースを走ることができませんでした。実戦から離れていた心配こそありましたが、そのぶん走れるレースでは期するものがあったし、集中力も増したのかもしれません。14年は、3月の日本選手権（名古屋）で決勝2着、9月オールスター（前橋）で優勝と快進撃が続きました。

さらに、11月の競輪祭（小倉）でも決勝2着。しかも、決勝戦で盟友の平原康多君とワンツーフィニッシュを決めることができた。平原君も、この年は選手会騒動による3カ月の出場の自粛があって苦しんでいたこともあり、これで年末のグランプリにふたりそろって出場できるわけですからよろこびもひとしおでした。

14年 KEIRINグランプリ（岸和田）※出場メンバーは、以下の9人

1　村上義弘（京都73期）先捲
2　武田豊樹（茨城88期）自在
3　深谷《ふかや》知広《ともひろ》（愛知96期）先捲
4　浅井《あさい》康太《こうた》（三重90期）自在
5　村上博幸《むらかみひろゆき》（京都86期）追込
6　岩津《いわつ》裕介《ゆうすけ》（岡山87期）追込
7　平原康多（埼玉87期）自在
8　神山雄一郎（栃木61期）追込
9　稲川翔《いなかわしょう》（大阪90期）追込

過去のグランプリは、すべて立川、京王閣、平塚の3場で行われていて、「グランプリは箱根の山を越えない」というのが関係者のなかで言われていたことでした。それが一気に箱根の山も富士山も飛び越えて、大阪の岸和田で開催されることになった。そんな経緯もあり、この年、近畿の関係者はとても熱が入りました。地元の稲川翔君が初出場を決めたし、近畿の顔役とも言える村上兄弟も揃った。まさに、開催地の面目躍如といったところでしょう。

グランプリシリーズの初日には歌手の長渕剛《ながぶちつよし》さんが来場し、バンク内でパフォーマンスを行うという盛り上がりよう。長渕さんの熱唱を間近で聴いて、選手たちはいつにも増した高揚感を味わいました。これまでのグランプリとはひと味ちがう雰囲気です。当日は約1万2000人ものファンが詰めかけ、グランプリレースだけで約54億円もの車券が売れました。

前年は長期間の出場停止もあって出場できなかった大舞台——。僕も静かに燃えていた。

号砲と同時に前を取ったのは、深谷知広君と浅井康太君の中部ライン。中団に村上義弘君と村上博幸君の兄弟に稲川君が続く地元の近畿ラインが付けました。平原君、僕、神山さんで並ぶ関東は後方からの組み立てとなり、単騎勝負の岩津裕介君は最後尾で戦機をうかがっていた。

この年、最後の最後にグランプリ出場を決めた平原君は、勝ちたい気持ちはもちろんあるけれど、「ラインで決めたい」という思いが強かったようです。そのためにも、地元地区の村上義弘君や、ラインが2車の深谷君よりも先行しようという意欲が高かった。

赤坂（残り2周）で平原君が上昇を開始すると、その動きを封じるように村上義弘君も合わせて前に出ます。僕たちを後方に下げさせておいて、中部ラインのふたりが飛んでくるのを待って3番手を奪う。そんな作戦だったと推測できます。一度は中団まで引いた平原君ですが、打鐘（残り1周半）で間髪を入れずに巻き返しに出た。深谷君ではなく、また平原君がきたわけですから村上君にも一瞬の迷いがあったことでしょう。僕たち関東の3人がレースの主導権を握る展開になりました。

残り1周で後方から深谷君が強引に捲りにきましたが、僕も懸命のブロックでそれを阻止。ここまで平原君がお膳立《ぜんだ》てをしてくれた以上は、なんとしても関東ラインの誰かが勝たないといけない状況です。僕は、最終バックから自分で捲って出ました。後ろの神山さんは村上義弘君にからまれてしまいましたが、もつれていたぶんだけ近畿勢も伸びてこない。ただ僕は、後続に4車身の差をつけているにもかかわらず、気持ちに余裕など持てなかった。状況は頭で把握しているにせよ、無我夢中です。最後はゴール線を目掛けて目いっぱいハンドルを投げました。

レースが終わり、決定放送を待ちます。

「決定！　1着2番・武田豊樹。2着5番・村上博幸……」

競輪選手にとって勝つことはいちばんの薬です。走れなくて悔しい思いをしたことも、苦しいトレーニングを続けていたことも、すべてが報われた瞬間でした。2年振りの出場、通算6度目のグランプリでようやく勝つことができたのは、前で頑張ってくれた平原君、後ろでガードしてくれた神山さんのおかげでした。自力で勝ったときよりも、ラインの選手が頑張って勝てた優勝のほうが感謝する気持ちが大きいぶん、思い出に残るものです。このグランプリの優勝で僕ははじめての賞金王に輝き、この年の最優秀選手にも選ばれました。

1年前はグランプリどころか、斡旋停止でどのレースも走ることができなかった。しかも40代に差しかかり、これからビッグレースで勝てるという保証もない。そんな不安をかき消すには、ひたすら自分と向き合って練習することしかなかった。腐らずに頑張っていて本当に良かったと思えた瞬間でした。

いいことがあれば悪いこともある。悪いことがあればいいこともある。このふたつはいつも対の関係にあり、いつだって人生はその繰り返しなのです。

勝利とはなにか？　敗北とはなにか？

勝利とはなにか？　敗北とはなにか？

僕にとってうまい答えが見つからない問いのひとつです。なぜなら、競輪と他の競技では、「勝利」という言葉の使い方や意味がちがうように感じるし、1着を取ることが必ずしもすべてではないのが競輪の世界だからです。

目先の勝利が必ずしも自分のためにならないという表現は、誤解を生んでしまうかもしれません。でも、長い目で見ると、仲間のためや先輩のために戦うことができれば、それは自分にも必ず返ってくるという側面が競輪にあることは紛れもない事実なのです。

「レースはこのレースだけじゃない」

これは、競輪選手がよく使うフレーズですが、こういった点は競輪ファンもよく知っています。「自分だけが勝てばいい」というレースをずっとしているようでは、誰の評価も得られない。自分のためだけでなく人のためだけでもない。自分とラインのために走るのが競輪競走。さらに言えば、競輪には称賛される敗北や、評価されない勝利もあるのです。

冒頭に、「1着を取ることが必ずしもすべてではない」と書きましたが、僕のなかにも最低限の合格ラインというものは存在します。オッズが僕から人気になっていてもなっていなくても、まずは確定板に載ること（レースの確定結果はビジョンに3着までしか表示されないため、3着以内に入ることを競輪選手はこう表現する。また、競輪の売り上げは3連単が大きな比重を占める）を目安にしています。

展開的に後方の悪い位置になっても、「なんとか3着までに入れば」の思いで最後の最後まであきらめずにレースを終えたい。そして、結果として確定板に載ることができれば、基本的にはどんなグレードのレースでも勝ち上がっていくことができます（なかには2着権利の勝ち上がりなどもあるため、すべてのレースには該当しない）。だからこそ、3着に入るということはとても大事な意味合いを持つのです。

それに、1着が取れなかったとしても、僕の頑張りでラインの前や後ろの選手が勝ったり、僕を買ってくれたファンの車券に少なからず貢献できたりすれば、ちょっとは自分を納得させることもできます。

僕は、スピードスケートをはじめた幼いころからいままで、何十年も競走漬けの毎日を送ってきました。

そういう人間だからこそ、「勝利することだけを目標に戦っていて、誰よりも勝つことが好きなのだろう」と思われるかもしれません。でも、それはちがいます。

勝利することが好きなのではなく、勝利するまでの道のりが好きなのかもしれない。僕にとっての勝利とは、万全の準備と最善の努力ができたことかもしれない。

厳しい練習を自らに課すこと。レースで勝つために食べもののことを考えたり、適度な休みを入れるなどして体調を整えたりすること。自転車の道具のことをいろいろと考えたりしながら自分に厳しくして準備を重ねていくこと。

それが「できた」か「できなかったか」というプロセスであり、勝つための準備をすることが好きなのです。いや、それこそが自分自身における勝利と言っていいかもしれない。

これは、敗北についても同様です。負けることは嫌だし好きではない。もちろん、負けに慣れてしまったら選手としては引退の潮時でしょう。

でも、一つひとつ準備をしてきてなにかを妥協して負けたのなら悔いが残るけれど、自分をコントロールできたうえで負けてもそれほどショックは残らないものです。そういう場合は、「上には上がいる」と考えるしかないのですから。

競輪の勝敗というのは、そのレースの展開に左右される側面が非常に大きいものです。でも、僕はプロである以上、勝利も敗北もすべての結果は自分で背負いたいと考えています。悪い結果をそのレースの展開や他の選手の責任にすることこそが、僕にとっては本当の敗北を意味しているのかもしれません。

先行へのこだわり

「先行は競輪の華」とよく言われます。

逃げ切り勝ちは、ラインを組む仲間だけでなく、別線の選手やファンからも無条件に称賛してもらえる最良の勝ち方。先頭で風を受け、誰にも影を踏ませずに勝ち切るのだから、文句の付けようがありません。

器用な選手が増えている一方で、最近は「真の先行選手」と呼べる選手が減ってきた感があります。トップクラスで僕が思い浮かべるのは、脇本雄太君や竹内雄作君らがいます。

僕もデビュー当時は、「先行してＧＩで優勝する」と強く思っていました。やはり競輪は逃げ切ったときが最高に気持ちいいし、先行にこだわっていたころは、先行することを大変だとも感じていませんでした。

準決勝で先行して決勝に勝ち上がることができれば、決勝戦は捲りで決着をつけられるだろうとよく考えていたものです。実際に捲りでは何度か勝つことができたけれど、やっぱり一度は先行でタイトルを獲《と》りたかったという気持ちはいまだにあります。

12年に新たに創設された「ガールズケイリン」。僕自身はそれほど興味を持って見ていなかったのですが、奥井迪《おくいふみ》さん（東京１０６期）には、なんとなく彼女の信念みたいなものを感じて注目していました。

彼女は北海道出身の同郷で、アルペンスキーから30歳前後で競輪選手に転身した経緯にも僕と似たものを感じていたのです。しかも、彼女は「先行でビッグレースを勝つ」と公言し、ガールズケイリンはラインがないのに、どんな場面でも先行で頑張っている。ガールズグランプリではあと一歩のところで２着という結果が続きました。それでも彼女の走りは感動を

僕の現在の戦法は「逃げ」から「自在」に変わった。年齢とともに自力で戦うことが厳しくなるなか、戦法を変えていくのも競輪選手の宿命である（写真／村越希世子）

与えていて、なかなか魅力のある選手です。

やっぱり、上の舞台にいけばいくほど先行だけでは難しくなります。先行一本槍で勝てるほど甘くないし、いろいろな戦術ができる選手のほうが戦い方の引き出しは増えます。

僕自身は、「先行だけではＧＩは勝てない」と悟ったときに、こう自分に問いかけました。

おまえは、先行するために厳しい練習をしているのか？

それとも、勝つために厳しい練習をしているのか？

ある意味では、先行するだけならいちばん簡単なことかもしれません。後ろにラインの先輩がついたときに、とりあえず先行さえしておけば「ラインのためにやるべきことはやった」と自分もまわりも納得させることができます。
でも、それでは勝つということからは逃げていることにもなる。ただ先行すればいいわけではなく、勝つための先行でなければ意味はありません。

いまの僕は先行をやめたわけではなく、メンバーや展開に応じてときには先行したり好位置を取りにいったりと、なんでもやる自在型と言われるスタイルで戦っています。先行する若い選手が同地区に増えたことで、人の後ろをまわる場面も増えました。僕が本格的に追い込み選手に変わるかどうかは、この何年かで決まるでしょう。ただ追い込みになるというだけなら、明日からでもなれる。でも、それには努力と覚悟が必要です。追い込みの技術も含め、総合的なレベルアップをしていきながら今後のことは考えていくつもりです。

憧れた鈴木誠という存在

少しだけ章のテーマから外れるかもしれませんが、戦法に関することとして僕が憧《あこが》れたひとりの先輩について書きます。

先行、捲り、自在、追い込みという、すべての戦法でトップに立った名選手といえば、僕は真っ先に鈴木《すずき》誠《まこと》さん（千葉55期・現解説者）の名前を思い浮かべます。もちろん、同地区である茨城や栃木の先輩たちにもたくさんのことを教えてもらったのですが、誠さんは、別地区でありながらも学ぶべきところの多い超一流の選手でした。誠さんは、僕が選手になったときにはもう全盛期ではなかったかもしれない。でも、滝澤正光さんらと走っているかつての映像を観ていると、大変な時代を生き抜いてきた人だというのはよくわかります。

誠さんの若いころは、まさに競輪戦国時代――。中野浩一さん、井上茂徳さん、佐々木《ささき》昭《あき》彦《ひこ》さん（佐賀43期・現解説者）といった九州勢の全盛期でした。いまでこそ千葉は、神奈川、静岡と南関東ラインを組むのがあたりまえになっていますが、かつては強力な九州勢への対抗勢力として、千葉と東京を結ぶ「フラワーライン」というものが存在しました。

当時の東京には、山口《やまぐち》健治《けんじ》さん（38期・現解説者）や尾崎《おざき》雅彦《まさひこ》さん（39期・05年引退）、清嶋《きよしま》彰一《あきかず》さん（40期・07年引退）といった強面《こわもて》の実力者が多く、同県の千葉にも、誠さんの師匠である吉井《よしい》秀仁《ひでひと》さん（38期・現解説者）や滝澤さんといった先輩がいた。競輪選手は他のプロスポーツに比べて選手寿命が比較的長く、上に強い先輩たちが多いとなかなかチャンスが巡ってこないもの。きっとどこに行っても小僧扱いで、レースでも機関車役（先行する役割）を任されることが多かったはずです。

そんななかで、腐ることなくコツコツと自分の仕事をやり続け、28年間もＧⅠレースに出続けた（優勝は90年の高松宮記念杯［大津びわこ］、91年の全日本選抜［久留米《くるめ》］、05年の日本選手権［松戸《まつど》］の3回）。91年にはグランプリ（立川）も勝って賞金王に輝き、生涯獲得賞金は17億円を超えました。

誠さんが現役のときは、同じ開催になるのが楽しみでした。どんな戦法でも日本一になった選手だし、僕なんてとても手の届かない憧れの存在。それなのに、見返りをまるで求めない誠さんは、会えばいつも優しく的確なアドバイスをくれました。それに甘えて僕もしつこくなんでも相談したものです。

最近では地区を超えた選手同士の交流がオープンになっていますが、かつては、同県か密なつながりのあるラインで固まって過ごすことが一般的でした。誠さんはライバル関係の選手に自分の情報を与えるのはご法度だった時代を過ごしてきた人です。僕と誠さんは他県だし、よほどのことがない限りラインだってちがう。それでも親身になって相談に乗ってくれたし、自分が苦労して得た知識も出し惜しみしませんでした。僕の目にはもの凄い人格者に映っていて、「誠さんが同地区だったら良かったのに」といつも思っていました。所属地区という垣根を越え、理解し合える関係を築けた数少ない先輩でした。

数々の偉大なる記録を打ち立て現役を引退し、解説者の道を歩みはじめた誠さんと僕。競輪に対して真っ直ぐに生きたその魂を受け継いでいきたい（写真／編集部）

だからこそ、引退の報を聞いたときは本当に悲しかった。一時代を彩った選手がやめてしまうと一抹の寂しさがあるし、自分に置き換えて考えてしまうこともあります。45歳にもなると、レースに行ってもうまくいかないことのほうが9割くらいを占めます。そんなとき、もっと誠さんに聞きたいことはいっぱいあった。これからも、競輪場で会えたときには、アドバイスをもらいたいと思っています。

過去の栄光に浸ったら終わり

子どものころからずっとスピードスケートと自転車競技をやってきましたから、大小の大会をすべて含めたら、これまでに数え切れないほどの賞状やメダル、トロフィーなどをいただいてきました。

でも、僕の自宅にはトロフィーひとつありません。日本選手権の盾も、グランプリのトロフィーも、どこにあるのか僕は知らないくらいです。きっと妻が倉庫にきちんとしまってくれているのだと思いますが、とにかく過去の栄光に浸るようなものはなにひとつ飾らないようにしています。

それらを飾らないということに強いこだわりがあるわけではなく、第一に、自分の家に飾っておくものではないような気がするのです。もちろん、自分が勝った証《あかし》ですから、そういうものを並べて気分がいい人もいるのは理解できます。でも僕は、いつも見える場所に置いて眺めたいとはまったく思わない。やはり僕は、勝つまでの段階にはもの凄い情熱を注いでいても、結果そのものには執着がないのかもしれません。

勝つことはうれしいこと。でも、いつまでもその余韻には浸っていられない。すぐに次のレースはあるし、ビッグレースで勝てば以前よりもさらに警戒されマークされるなかで戦っていかなければならないのですから。

だから、勝てば勝ったで「よし次にいこう！」という思いにすぐ切り替わってしまうのです。そうやって、今日までずっとトレーニングとレースを繰り返してきました。過去の栄光に浸るのは簡単なこと。でも、それはなにも生み出さない――。

満足したら、そこで終わり。

プロスポーツ選手である以上、そのことだけは絶対に忘れたくない。そして、僕は自分のことを超一流などと思ったことは一度もありません。グランプリを勝っても、生涯獲得賞金がいくらになったと言われても、周囲に称賛されるとまだどこかで違和感を覚えてしまう。ファンの人にサインを求められたとしても、「俺のサインなんてどうするんだろう？」と思ってしまうのです。

「じゃあ武田は競輪でなにを得たいのか？」と問われると、具体的になにが得たいのかもわからない。いまさら高級車がほしいわけでなく、家がほしいわけでもない。高級な服だって別にいりません。

事実としてはっきりしているのは、僕にとって競輪選手は「第二の人生」であるということ。紆余曲折があったからこそ、いまの仕事のありがたみをよくわかるし、せっかく与えてもらったチャンスだからきちんとものにしたい。

競輪選手になれたのだから、一生懸命に走り続けたい。

これまでと変わらず、いついかなるときも泥臭くレースをしたい。

競輪選手として、ひとりの親としての人生をしっかり歩んでいきたい。

競輪選手、武田豊樹の覚悟です。

第5章　絆で生きる

弟子を迎え入れてできた練習グループ

第4章では、競輪選手としての僕が持っている覚悟について「心・技・体」を通じて書きました。この最終章は、少し時代遅れな――競輪の世界に特有の、「絆《きずな》」をテーマにしてみたいと思います。

競輪選手は、師匠と弟子のような見える絆だけでなく、味方も敵もどこか見えない不思議な絆でつながっています。人間が走るからこそ生まれるその絆が、競輪の魅力やロマンを生み出していると言っていいでしょう。まずは、僕と弟子たちの絆について書き進めていきます。

僕には4人の弟子がいます。

・牛山貴広《うしやまたかひろ》（茨城92期 トリノオリンピック チームパシュート8位）
・今井裕介《いまいゆうすけ》（茨城93期 長野、ソルトレークシティ、トリノオリンピック スピードスケート出場）
・小原唯志《おばらただし》（茨城101期 バンクーバーオリンピック スピードスケート出場）

・吉澤純平《よしざわじゅんぺい》（茨城101期 バンクーバーオリンピック ショートトラック出場）

彼らもまたスケートの世界から第二の人生を競輪に求めてきた同志。僕の競輪転身を〝成功例〟と見て、人生を賭《か》けて頼ってきてくれたのだと思います。最初に牛山を弟子に迎え入れると決めたときは、「絶対に競輪選手として成功させる」という覚悟を持ったものです。

そして同時に、彼らを受け入れたことで僕には練習グループというものができた。

競輪選手というのは、それぞれが完全なる個人事業主です。ただ、完全な個人主義ではうまくいかないという側面がある。なぜなら、日々の練習にバリエーションが生まれないし、レースでも孤立してしまうからです。それではいくら頑張ったところで勝てるわけがありません。練習グループの存在は、それをもっとも身近で学ばせてくれるものでしょう。

また、弟子がいるということはそこに師弟関係が存在します。その師弟関係がある限り、僕ひとりだけが強ければいいということではダメ。僕が弟子たちをきちんと育て、みんなが高いレベルで価値観を共有し合う必要があるからです。師匠は強くて弟子は弱い、師匠は弱くて弟子は強い、ということもあるかもしれない。もちろんそこに信頼と絆がしっかりある師弟関係があれば問題ありませんが、僕は師匠も弟子も強いことが理想だと考えていますし、それを実現してきました。

弟子たちには、「俺たちは強い集団になってこそ、本当にいい関係になれる。みんなで強くなるためにそれぞれがしっかりと競輪という競技（第二の人生）に取り組んでほしい」と伝えてきました。

家業の建築業を継ぐことになった今井は２０１５年に惜しまれつつ引退しましたが、残りの３人は、全員がＳ級上位で戦っています。

弟子との絆は永遠

なにせ僕自身が〝練習の虫〟ですから、当然、彼らにも厳しく練習を課してきました。口であれこれ言うスタンスではありませんが、態度で示すことを意識して僕自身がハードな練習に取り組む姿を見せてきたのです。そうやっていくうちに彼らも徐々に成長し、いまではＧⅠをはじめとした大きな舞台で同じレースを走る機会もだいぶ増えています。苦しい練習で学んでもらえることはたくさんありますが、それの何倍も、真剣勝負の実戦のなかではさらに生きた濃い教育ができます。

これまで、牛山と純平とは一緒にＧＩの決勝に乗ったこともあります。弟子のなかで潜在能力がいちばん高い小原も、そのうちビッグレースに間違いなく名を連ねてくるでしょう。彼らがＧＩで優勝する確率もかなりのものであると僕は信じているし、いつかはその瞬間をこの目で見てみたい。

もちろん、弟子の誰かがＧＩで優勝するということは、僕がそこで優勝していないということにもなります。いつだって自分が勝てなかった悔しさを持っている必要はある。でも、弟子がそんな大舞台で優勝してくれるなら、自分と同等、いや、それ以上のよろこびかもしれません。

僕と弟子たちは、実際に同じ時期にスピードスケートで切磋琢磨《せっさたくま》した間柄でもありません。ただ、スピードスケートは、上下関係がもの凄《すご》く厳しい世界としても知られています。その流れがあるから、僕たちはフレンドリーな関係とは言えないかもしれない。弟子たちはいまでも僕のことを、「おっかない人」と見ているようです。

それでも、近況報告を兼ねてしょっちゅう食事にも行くし、一緒にお酒も飲む。たくさん話もしてきて、苦しい練習も一緒に乗り越えてきた。まさに同じ釜《かま》の飯を食うなかで培った絆は、永遠のものかもしれません。僕がどこまでお手本になれるかはわからないけれど、彼らが迷ったときには師匠の僕が正しい答えをきちんと言ってあげたい。

選手を引退してしまった今井も、彼がきちんと計画して選択した人生です。そんな今井のことも、ずっと陰ながら応援してあげたいと思っています。

力をどんどん付けてきた茨城勢

一般社会であれば、アイデアに富んでいて、バイタリティ溢《あふ》れるワンマン社長がひとりいれば会社はそれなりに成長するでしょう。もちろん、それを支えるスタッフの力は必要ですが、やはり軸となる社長にカリスマ性があれば、その企業は規模を拡大する確率が高くなる。

しかし、スポーツの世界はそうはいきません。個人がトップでいられる年数には限りがあって、とくに競輪は、ラインの総合力が重要です。ひとりが強くても限界があるのです。この選手がこの時代にいたら……という「たられば」を言ってもはじまらない。ならば、各選手が必死になって練習し、互いを認め合いながら一緒に成長していくしかありません。

同県や同地区に強い選手が揃うということは、ラインの層に厚みが出ることを意味します。するると、大きなレースで勝ち上がっていくうえでの戦いやすさが変わってきます。逆に、ラインの層が薄いと勝ち上がっても味方がいない状況になるのです。

かつて、中部ラインの山田裕仁さん、小嶋敬二さん、山口幸二《やまぐちこうじ》さん（岐阜62期・現解説者）らが黄金時代を築いた当時は、「中部王国」と呼ばれていて、大きいレースに行くとどのレースを走っても中部の強い選手がいました。

逆に、「あれ？　最近あの県からはＧⅠにほとんど乗ってこないね」といったように、強かった地区に元気がなくなってしまうこともある。競輪の勢力図は、１年単位で目まぐるしく変化します。

むかしは、茨城県にも強い選手がたくさんいました。１９８０年代は、現在は競輪学校教官の小林信太郎《こばやしのぶたろう》さん（42期）や、増子政明《ましこまさあき》さん（40期・09年引退）らがＧⅠの舞台で活躍されていました。90年前後になるとその勢いはさらに加速します。坂巻正巳《さかまきまさみ》さん（55期・16年引退）が91年のＧⅠ・日本選手権で優勝。戸邉英雄《とべひでお》さん（51期・18年引退）や長谷部純也《はせべじゅんや》さん（57期・12年引退）はＧⅠ決勝の常連で、とくに戸邉さんと神山雄一郎さんの「栃茨ホットライン」は、大きな舞台で何度もワンツーフィニッシュを決めていました。

忘れてはならないのは、96年のアトランタオリンピック１０００メートルタイムトライアルで銅メダルを獲得した十文字貴信君。落車の後遺症と持病の腰痛が悪化し19年１月に引退したことは残念でしたが、全盛期はメダル獲得の勢いそのままに徹底先行でビッグレースを席巻《せっけん》。この当時に神山さんが手にしたタイトルのいくつかは、十文字君の貢献度が大きかったように思います。

ただ、ちょうど僕が選手になった当時は茨城の選手の勢いに陰りが見えていた時期でした。GIに出はじめるようになったころ、茨城からは僕ひとりでGIに参加という開催も少なくなかった。他地区に強い選手が揃っているのを見ていると「羨《うらや》ましいなあ」という感情がいつもどこかにあったことが思い出されます。僕の時代で茨城に元気がなくなったのでは、頑張っていた諸先輩に申し訳が立ちません。そして、茨城勢の躍進がはじまります。

まずは、ガッツのあるレース運びが身上の芦澤大輔《あしざわだいすけ》(90期)が頭角を現し、僕の弟子たちも強くなった。そして、ここ数年で横山尚則《よこやまひさのり》(100期)、杉森輝大《すぎもりてるひろ》(103期)、伊早坂駿一《いはやさかしゅんいち》(105期)、吉田拓矢(107期)、鈴木竜士《すずきりゅうじ》(107期)、山岸佳太《やまぎしけいた》(107期)のような若手選手も次々に出てきてくれました。最近では、ビッグレースにおいて茨城勢が10人くらいの大所帯になることも。いまは、S級1班の人数も茨城がトップクラスになってきました。

同県やラインを組む近隣地区の選手に「武田さんと一緒に決勝に乗りたい」と頑張ってくれる若手が揃ってくれれば、自分に巡ってくるチャンスも増えてきます。ただ、そのチャンスを摑《つか》むためには自分が強いままでいなければなりません。いくら茨城勢がＧⅠで快進撃を続けても、僕がその場にいられなければ僕自身が勝つことはできないのです。

以前は、後輩たちが「武田さんに追いつき追い越せ」という気持ちでやっていたと思いますが、ベテランになったいま、今度は僕のほうが彼らに食らい付いていこうという気持ちになっています。そういう状況が続けば、もっともっと茨城勢は躍進できるでしょう。そしてもちろん、茨城勢の絆もどんどん強くなっていくはずです。

「コミュ力」が絆を深めていく

最近は、「人に伝える」ことを主とした「コミュニケーション力」についての本が書店に行くとたくさん積んであります。悩みごとのほとんどは人間関係に起因すると言われるほどコミュニケーションは難しいものですし、多くの人は、いわゆる「コミュ力」をほしがっています。

そのコミュ力が身につくことで、人間関係が円滑になり、悩みごともなくなっていく。そして、仕事でも成果を挙げられるということなのでしょう。

僕もコミュニケーションに関しては、少し悩んだことがあります。競輪界に入った当時、年下の選手との付き合い方にかなり気を遣いました。スピードスケート時代は、「年齢＝キャリア」で上下関係もはっきりしていたので、非常にわかりやすいものがあった。ただ、僕にとっての競輪界はまったくちがうものでした。まず競輪学校では、同期生が全員年下という状況からのスタート。僕はすでに三十路《みそじ》の手前に差し掛かるタイミングでしたが、まわりのほとんどが高校を出たばかりの若者です。

とても珍しいシチュエーションですし、最初はどうしてもみんな子どもに見えていました。彼らとは1年間に亘《わた》り同じ釜の飯を食っていくなかで、徐々に打ち解けていったのですが、最初のころを思い出すと距離があったことは疑う余地がありません。自分の実力を出し切り、一選手として認めてもらうことからはじまり、こちらから少しずつ声をかけてコミュニケーションを取りました。

デビューしたらしたで、今度は年下の先輩がたくさんできることになった。「年下でも先輩風を吹かせるのかな？　年下だから敬語でくるのかな？　どっちでくるのかな？」と、身構えていたように思います。でも、競輪選手は基本的に根がいい人が多く、高圧的な選手はほとんどいませんでした。

最初からフランクに話しかけてくれて距離を近く取ってくる選手に対しては、こちらもすぐに慣れることができました。反対にガチガチの敬語でくる選手には、こちらも敬語になってしまってなかなか距離が縮まりません。いまでもそのままの関係が続いている他県の選手もいますし、距離を縮めるのは簡単なことではないと実感しています。

僕自身は年齢に関係なく技術や知識を他の選手たちから学び、積極的に盗もうというスタンスです。ですから、相手との距離を縮めるためにも自分から歩み寄っていきました。そうすることで、年下の選手との距離を縮められたのと同時に、先輩たちもかわいがってくれた。酒を飲みに連れていってもらい、大人の世界を見させてもらいました。

小嶋敬二さんと一緒にトレーニングをさせてもらうために競輪学校へ出向いたこともあったし、わからないことがあればすぐに尊敬する神山雄一郎さんにアドバイスを求めた。自分ができないことをできる人、自分の知らないことを知っている人には、迷わず自分のほうから教えを請いにいく。それが当然のことだと思っていました。

自分が二十代の頃に比べると、年が離れたせいか若手の選手とコミュニケーションを取るのが、互いに難しくなっているかもしれません。いまの若い選手たちはコミュニケーションを取ってこない相手に対しては、自分も取らないでいるという印象を受けます。先輩のほうから何回も心の扉を開いてあげるような作業を繰り返さないと、なかなか心の扉を開いてくれない。

でも、それは凄くもったいないこと。競輪というのは、いくら若くて勢いのある強い選手でも、絶対的にキャリアには敵《かな》わない部分があるからです。強い弱いに限らず、長く競輪をやっている選手は、困ったときや悩んだときにアドバイスをしてくれる貴重な存在となる。もちろんこれは、競輪界に限った話ではないでしょう。キャリアに裏付けされたものは、ベテランなら誰もが持っているものです。それを生かさない手はないのですから。

また、競輪はこの章のテーマでもある絆でつながっている世界です。同県や同地区だからといって、会話もないようではいいレースはできません。絆をつくり、その絆を深めていくためにも、コミュニケーションは欠かせないものなのです。

自分が先輩たちに教えてもらったことは、自分も後輩たちに伝えていきたい。僕は自分を慕ってきてくれる選手に対しては、いつでも心の扉を開いて待っています。

同県選手同士が行う「絆の習慣」

競輪界では、競走に行く前日、同じ開催に参加する同県の選手たちで連絡を取り合うことが習慣になっています。年下から年上に連絡をするのがスジで、もし自分が最年少の場合は、同県の先輩が10人いたら10人に連絡しなければなりません。

競輪場に現地集合なら、「明日からよろしくお願いします」の挨拶《あいさつ》だけ。競輪場まで一緒に行く場合であれば、「○○駅に8時集合でお願いします」といった具合です。最近は僕が最年長になってしまうことが多いので、自分から連絡を取る機会はありません。

その連絡手段に関係することとして、電話連絡なのかSNS経由での連絡なのかということがあります。地区によって手段はまちまちのようですが、僕が参加する茨城の選手同士の連絡手段は電話です。後輩たちはきっと、「武田さんって、なんでSNSやらないのかな？便利なのに……面倒だなあ」と思っているでしょうね。確認したことはありませんが、若い選手だけでレースに参加する場合は、もしかしたらSNSなどで連絡を取り合っているのかもしれません。

SNSは便利ですし、SNSなどで情報を得るというのは凄く大切なことですが、反面、情報をあまり増やすのもよくないという考えを持っているのです。自分のなかで消化できない量の情報はいらないし、きっと情報を浴び過ぎて疲れてしまうはず。自分の体や頭で感じたことを、実生活や競輪に取り入れていきたいという考えがいまはあるのです。ただ、それらの情報が競輪選手としての自分に役立つと思えば、SNSに手を出すかもしれません。そういった柔軟性だけは持っていたいと思います。

そして、僕は、ちょっとした電話魔なんです。用事があればすぐに電話をかけてしまいます。だから、後輩たちとの連絡ももっぱら電話で済ませる。競走の前日になると、まずお昼くらいに誰かから電話がかかってきます。すると、そのあとすぐ順番に他の後輩たちからも電話がかかってきます。きっと最初にかけた選手が、「いまなら武田さん（電話に）出るぞ！」なんてSNSで連絡しているのではないでしょうか。笑ってしまうくらいに、後輩選手たちからの電話が鳴り続けます。

競輪場に入ると、今度は「自転車取り」という決まりごとがあります。レースが終わった直後に同県の選手たちが敢闘門付近まで出迎え、走り終えた選手から自転車やヘルメット、ユニフォームなどを受け取って片付けを手伝うというもの。1着を取ったときに同じレースの選手に配るスポーツドリンクも、同県の選手が売店から持ってきてくれます。

雨が降った日は、競走後の濡《ぬ》れた自転車を数人で囲み、一斉にウエス（布）で拭《ふ》きあげる。いつでも、同県の仲間が助け合ってそれぞれの仕事の負担を減らすような流れができています。

最終日に同県のなかで最後のレースになってしまうと、先にレースを終えた同県の選手たちは帰らずに待っています。最後になるということは、その開催でいちばんグレードの高いレースに乗れたということ。ここでは年齢の上下に関係なく、待たせた選手が待っていてくれた選手たちに夕飯をごちそうするというケースもよくあります。本来であれば早く帰れるのに残ってくれた御礼と、自分が賞金の高いレースに乗れたご祝儀的な意味合いもそこには含まれています。

また、最後のひとりが走り終わるまで誰かにいてもらうのは、自転車取りだけでなく、アクシデントが起きた場合も想定しているということを忘れてはなりません。

「自転車をお願いします」の言葉の裏には、「もし自分になにかがあったら、そのときはみなさんのお世話になります」という気持ちが込められている。落車をして救急車で運ばれて入院となったら自分の自転車を片付けられませんし、そんなことは起きてほしくないですが……レース中の事故で帰らぬ人となってしまうことだってある。そういうなかでの、選手同士の助け合いなのです。

いまの時代、そういった習慣をわずらわしく思う若い選手もいることでしょう。でも、危険と隣り合わせの競技だからこそ、横のつながりは絶対に欠かせないもの。助け合う、支え合うということを教えてくれる大事な習慣です。

レジェンド・神山雄一郎との絆

競輪界の生ける伝説・神山雄一郎さんの名前は、競輪ファンならずとも耳にしたことがある人はかなりいると思います。

これまでに、GⅠ優勝17回、GⅡ優勝8回、GⅢにいたっては優勝99回という金字塔を打ち立てました。今後、誰も破ることができない記録でしょう。神山さんは、61期のナンバーワンとしてデビューしてからは、スター街道一直線。「F1先行」で名を馳《は》せた吉岡稔真《よしおかとしまさ》さん（福岡65期・現解説者）とともに一時代を築き、51歳になったいまでもS級1班にいて第一線で活躍しています。

神山さんの凄さは、競走に限らず人柄にも表れています。「緊張したことがあるのかな？」と感じるくらい、レース期間中はいつでも自然体。仲が悪い人がいないし、年下との付き合いもまったく苦にしません。なにごとも飄々《ひょうひょう》とこなしてしまうから、天然っぽいとも思えるし……「実は、わざととぼけているんじゃないかな？」と思うこともあるほどです。

神山さんのいる栃木と僕のいる茨城は、「栃茨ライン」と呼ばれ関東ラインのなかでもとくに密な関係にあります。これまでに僕は、数え切れないほど神山さんと連係させてもらいました。グランプリだけでも４回、ＧＩの決勝となると11回も後ろをまわってもらっています。

僕の２度目のＧＩ優勝が、09年のオールスター（松山《まつやま》）。このときは、はじめて平原康多君の後ろで取らせてもらったタイトルで、神山さんとワンツーフィニッシュが決まったのでよく覚えています。

かつて僕と平原君は、同じレースに乗っても別線で戦っていました。お互いに自力型としてのプライドがあったし、それだけでなく関東にはいい追い込み型がいっぱいいたので、僕らが連係するのが困難だった部分もあります。関東という大きなくくりのなかにも、栃茨（栃木・茨城）、埼京（埼玉・東京）、群馬・山梨・長野・新潟を結ぶ上甲信越といった、より密なラインがあります。僕と神山さんが栃茨ラインを優先すると、平原君は後閑信一《ごかんしんいち》さん

気さくな人柄で、人望もとにかく厚い神山さん（写真中央）。これまで数え切れないほど一緒にラインを組み、競輪の奥深さを教えてくれた偉大なる先輩（写真提供／JKA）

（東京65期・現解説者）と埼京ラインを組んだり、他の関東の選手たちと別のラインを組むケースが多かったのです。

そんな僕らが連係するようになったのは、神山さんがきっかけでした。「俺は3番手を固めるから、おまえたちふたりが前で頑張ってくれ」と言ってもらい、僕と平原君は同じラインで並ぶようになったのです。その結果、お互いの力を認め合えたし、そこからふたりがタイトルを獲得する機会が一気に増えました。神山さんが僕たちふたりの力を認めてくれて、3番手を固めてくれた。そうすることで、みんなにチャンスが増えることも見抜いてくれた。まさしく、神山さんの眼力と経験値が僕や平原君の躍進を手助けしてくれたのです。

そんな神山さんは、自力型で実績をつくって30代の前半から徐々に追い込み型にスタイルを変えていきました。誰もが神山さんの先行の力は認めていましたが、もの凄く競りも強く、追い込み選手としての適性も抜群だったということです。神山さんが別線の選手にほとんど競られなかったのは、「神山雄一郎」という名前があったからではなく、「競りにいっても勝てない」と判断していけなかったのです。そうして、どの戦法でも神山さんはトップに立ちました。

これまでに前例がないことをやってきて、いまもまだバリバリの現役選手。僕らは神山さんのつくった功績を追いかけるかたちになるわけですが、とてもじゃないけれど追い越すことはできない。

僕がこの世界に入って、「世の中には敵わない人っているんだな」と知ることができたのは、近くに神山雄一郎というレジェンドがいたからに他なりません。

競輪界のカリスマ・村上義弘との絆

神山雄一郎さんという大先輩のことについて書きましたが、僕と生まれ年が同じの村上義弘君もまた、競輪界の生ける伝説と言っていいでしょう。

GIのなかでももっとも格式の高い日本選手権を4度、グランプリも2度制しています。「近畿のカリスマ」「魂の走り」などと称される彼ですが、実はデビューから初タイトルまでに8年もかかった苦労人でもあります。

村上君が初タイトルを獲得した02年の全日本選抜（岸和田）の決勝戦を僕は競輪学校で見ていましたから、同い年とはいえ、当時は雲の上の存在。当時の村上君の先行のテクニックは学科の教材に使われるほどだったし、人を惹《ひ》きつける魅力というのは群を抜いていました。だからこそ彼の走りを、ファンは「魂の走り」と呼び、愛するのでしょう。

僕が競輪学校にいたとき、GIの決勝戦を逃げ切ってしまう村上君の走りを見てとてつもない実力の差を感じ、正直なところ「自分は競輪では通用しないかもしれない」と弱気になったこともあったほどです。僕はあまり人の真似をしないのですが、やっぱり村上君の先行には憧《あこが》れたし、手本にする部分が多かった。

僕がデビューしてＳ級に上がり同じ舞台で走るようになってからは、「オンとオフの切り替えがうまい人だな」と感じました。競輪ファンが感じている村上君は、いつもピリピリして人を寄せつけないオーラを発しているかもしれませんが、オフに切り替えたときはまるで別人。笑顔でたくさんの選手たちと話をしているし、まさに近畿のリーダーという感じです。僕は常に自分のまわりに人が集まるタイプではないので、村上君のあの人間性には憧れを抱かざるを得ません。

村上君のエピソードを振り返ったとき、いちばん驚かされたのは12年のグランプリです。

12年　ＫＥＩＲＩＮグランプリ（京王閣）　※出場メンバーは、以下の９人

1　武田豊樹（茨城88期）先捲
2　佐藤友和（岩手88期）自在
3　成田和也（福島88期）追込
4　村上義弘（京都73期）先捲
5　山崎芳仁（福島88期）先捲

6　長塚智広《ながつかともひろ》（茨城81期）自在
7　岡田征陽《おかだせいよう》（東京85期）自在
8　浅井康太（三重90期）自在
9　深谷知広（愛知96期）先捲

実はこのとき、直前の練習中に落車した村上君は肋骨《ろっこつ》を数本折り、出場すら危ぶまれる重傷を負っていました。ただでさえこの年は、他にも4月の共同通信社杯（名古屋）や9月のオールスターでも落車があり、怪我に泣かされた1年で満身創痍《まんしんそうい》。しかも、村上君はグランプリに過去5度出場して一度も勝てておらず、この年は近畿から唯一の参戦でラインすらなかった。下馬評では、かなり人気薄の状態だったと思います。

グランプリの舞台は京王閣。この日は土砂降りという表現がしっくりくるほどの激しい雨が降り続いていて、1メートル先も見えにくい状況でした。

号砲と同時に飛び出したのは、僕と同期の佐藤友和君、山崎芳仁君、成田和也君の東北勢3人。深谷知広君に浅井康太君の中部勢が中団を取り、そこに単騎の村上君が続きました。後ろに同県の長塚智広君（15年引退）と東京の岡田征陽君を付けて7番手にいた僕が残り2周で上昇すると、先頭誘導員の後ろにいた佐藤君と接触があり、佐藤君が車体故障を起こ

「魂の走り」は健在。あの勝負強いレースは、誰にも負けないという強い気持ちがあるからこそできるもの（2番車が村上君）。同い年の良きライバルであり続けたい（写真／村越希世子）

してしまいます。そんな僕のほんの少しの動揺を見逃さず、今度は深谷君が一気に巻き返してきました。僕はタイミングを合わせ切れずに深谷君、浅井君、村上君まで出切られてしまった。すると、僕の前に入った村上君が間髪を入れずに最終バックから捲っていく。一方、そこまでに脚力を使っていた僕には付いていく余力はなかった。4コーナーをまわった最後の直線で、浅井君、成田君との激しいデッドヒートを制したのは村上君でした。

土砂降りの雨の音をもかき消す大歓声が起こり、それに応《こた》えるように村上君は何度も拳《こぶし》を突き上げていました。骨折をしているにもかかわらず大舞台で力を出し切れるハートの強さ、最終バックで迷わずに仕掛けた勝負強さに凄さを感じるしかなかった。村上君には、逆境を己の力で跳ね返す力があり、それを信じて応援し続けるたくさんのファンがいる。靄《もや》のかかったバンクで、村上君のいるところだけ光が射しているようでした。まさに「カリスマ」と呼ばれるのに相応《ふさわ》しい光景だった。

僕は村上君よりデビューが9年も遅く、実績ではまるで及びませんが、僕らはかつて「東の横綱（僕）、西の横綱（村上君）」などと称されていたことがありました。自分ではそんな意識はなかったけれど、まわりからそう思われていたのならとても光栄なこと。そういう称号というのは、単純に成績だけではなく競輪に対する姿勢なども反映されるものでしょうし、その部分を評価してもらったことは純粋にうれしい。

また、同世代だからこそこの位置にいる大変さも理解し合えている。いまでもきっともの凄く練習しているだろうし、そうしなければトップにはいられないでしょう。怪我をしてもなにがあっても、1年間を走り抜くタフさがあるのは「さすが」です。

競輪選手は、それぞれが人生や命を懸けて戦っていて、敵も味方も見えない〝絆〟でつながっている。村上君が僕をどう思っているかわかりませんが、村上君を見ていると、それを強く感じるのです。

東と西で、地区は全然ちがう。でも、きっと絆でつながっている。

盟友・平原康多との絆

競輪はひとりでは戦えない。

だから、人を信じないといけないし、また信じ過ぎてもいけない。

それが、競輪競走というもの。


これがもしプロ野球のチームメイトなら、それぞれが高い個人成績を挙げつつリーグ優勝を目指し、日本シリーズで勝つという目標を共有できます。結果的にＭＶＰに輝けなくても、優勝の気分はしっかりとわかち合えることでしょう。

しかし、競輪はちがいます。ラインという名のチームがあっても、勝利者になれるのはたったひとりなのです。誰だって自分が勝ちたいと闘志を燃やしています。だからといって、身勝手ではいけない。ただのお人好しでもいけない。そういった状況下で組むラインというのは、誰をどこまで信用していいのかとても難しいところがあります。

でも僕は、どんな状況でも１００％信頼を置けるパートナーに恵まれました。

それは、埼玉の平原康多君です。

9つ年下の平原君は、僕よりも1年早い02年8月にデビューし、2年目からS級で活躍しはじめました。これまでにGI優勝7回、グランプリ出場9回。11年と12年の2年間だけは失格判定や落車の怪我に苦しんだけれど、ほぼ毎年のように賞金ランキングの上位に名を連ねている競輪界におけるスーパースターです。

185センチの巨漢ですが、パワーだけでなく俊敏さも持ち合わせている。「平成でもっとも優れた競輪選手」と形容されるように、好調時には無双状態に入り誰にも止められなくなります。それこそ、GⅢくらいのレベルになると無傷の4連勝で完全優勝することが多いのが特徴です。

ダイナミックな先行と捲りが武器ですが、番手をまわれば圧巻のブロックで別線をシャットアウト。視野が広く、レースを読む力にも長《た》けている。まさに、完成されたオールラウンダーです。

平原君と僕は同じ関東地区ですが、かつては別線で戦っていました。前述したように、神山雄一郎さんの助言もあり連係するようになってからは、互いの力を認め合い大事なレースをいつも一緒に走っています。そういう流れを見てきた競輪ファンは、「武田と平原は強固な絆で結ばれているのだろう」と想像しているはずです。

ただ、これまで互いをどう思っているかということすら話したことがありません。「今年も一緒にグランプリに乗ろうな」「今日はワンツーで決めような」なんて会話をしたこともない。多くを語らないというよりも、語る必要がないと言ったほうがしっくりきます。

僕たちの関係は、競輪におけるすべてのことに対しての共通認識のうえに成り立っています。要するに、競輪選手としての〝核〟になる部分が一緒であるということ。まわりを見てもそういう関係性の人たちはなかなかいないし、僕らは特別なのでしょう。


彼もまたＧＩを優勝することを目標に戦っていて、いつだって勝てる力を持っている。それなのに、自己犠牲の精神というものも持っています。

これまで何度も、「競輪は自分だけが強くてもダメ。ときには自分が犠牲になることも必要」と書いてきました。でも、それを体現できる選手というのは、上のレベルにいけばいくほど少なくなります。目の前にタイトルが転がっていても、1億円の賞金が懸かっていても、犠牲をもいとわない走り――つまり、ラインのための競走ができる人が平原君なのです。

僕らは絆がある仲間であり、ＧＩなどでは1着を競い合うライバルでもあるけれど、彼が

どんな戦法でも器用にこなし、爆発力も秘めている競輪界のトップレーサー平原君（写真右）。僕がこうして数多くのタイトルを獲れたのは、彼の力が大きかった（写真提供／JKA）

やってきてくれたことに対して認めている部分はあまりに大きいものがある。だから、彼が勝ってくれたときは嫉妬《しっと》なんてまずありません。心からうれしく思えるほどです。

それは、弟子たちに対するものと同じような感情なのかもしれません。こんなふうにわかり合える相手がいたからこそ、僕もここまで頑張ってくることができた。

僕よりも年下だけど、古い価値観も大事にするのが平原君。いまどきの子っぽいわけでもないけれど、若い人が持っているような新しいものを柔軟に取り入れる向上心や好奇心もある。平原君もそうですが、強い好奇心があるというのは強い選手に共通するものです。人は、好奇心がなくなったら成長できない生きもの。年齢とともにどんどん好奇心がなくなり、坂道を転げ落ちるように成績が落ちる選手もたくさん見てきました。平原君も年齢を重ねてベテランの域に入ってきていますが、まだまだ競輪に対する好奇心や探究心は旺盛《おうせい》のようです。もちろん僕も、平原君に負けないくらいに好奇心があります。

そして、はっきりと言えるのは、神山さんと同様に、平原康多という選手は僕にとっても競輪界にとっても、唯一無二の存在であること。これだけは間違いありません。現時点で「誰が平原君の後継者になれるか？」と聞かれたら、「そんな選手はいない」というのが僕の回答です。

競輪ファンと心を通わせる

僕たち競輪選手の仕事と生活は、ファンの人が車券を買ってくれることで成り立っています。だから、僕らはファンの期待に応えるためにしっかり準備をして、全力でレースに臨む義務がある。もちろん、八百長行為や手抜きのレースなどをして信頼を裏切ることはなにがあっても許されません。

いい時代に比べて売り上げが何億円下がったとか、開催期間中の目標額に届かなかったとか、業界の見通しが暗いようなことも囁《ささや》かれていますが、それでも競輪を愛してくれる人はまだたくさんいます。もちろん、競輪場にも多くのファンが来てくれている。だから僕たち選手は、今日も競輪場で走ることができています。

最近は、選手とファンがSNSなどで普通に交流をはかったり、競輪場内のファンイベントなどでも直接コミュニケーションを取ったりする時代になりました。むかしに比べ、「だいぶオープンになったものだな」と感じます。僕はSNSをやらないし、レースが終わればすぐに帰ってしまうので、ファンの人と接する機会は他の選手よりも少ないかもしれません。でも僕には、よくファンの声が聞こえる場所があります。

それは、発走機の上。

第4章でレース中に打鐘《ジャン》の音が聞こえないという話を書きましたが、逆に発走前のお客さんの野次は、選手にしっかりと届いています。レース後に、「こんなこと言われちゃったよ」とムキになっている選手もいます。

野次は競輪場の風物詩。

誰が言いはじめたかは知りません。むかしから各競輪場には名物的存在の野次将軍のような人がいて、発走前に選手を笑わせようとしたり、鋭い指摘で選手の心をえぐったりするのです。

僕自身、若いころは野次られるのがとても嫌で、心を乱してしまうこともありました。でも、徐々にそれにも慣れてきて、いまでは少し楽しんでいたりもする。

「お客さんは僕のことをそう見ているのか」なんて思ったり、「面白いこと言うな」と感心させられたり。ときにはアドバイスのような野次を送ってくれるファンもいる。競輪ファンはみんな目が肥えていますから、自分のレースに気づきを与えてくれたり、反省させられたりと、その声を素直に聞き入れていることさえあるのです。

落車をして「死ね！　ボケ！」なんて言われるのはなかなか応えますが……大半の野次は活力になる。野次を浴びて、号砲が鳴る前にイライラしていたら、大事なもの――勝利だって逃げていってしまうことでしょう。ならば、野次を楽しむくらいの余裕が心にないとレース中も平常心ではいられません。それが、僕の考えです。

仮に運というものが存在するなら、その運を味方にしたいように、野次ですら自分の味方にしてしまいたい。本当に少しの時間ですが、お客さんの声を楽しんで号砲が鳴る瞬間にはピタッと集中する。これがレースに向かううえで最高の心の状態をつくりあげるルーティンになっています。

お客さんの生の声がダイレクトに聞こえる発走機の上こそ、僕がもっともファンとの絆を感じる場所です。

競輪道を生きる

「競輪道」という言葉があります。

使い方としては、「あんなに早く目標を切り替える（目標にしていた先行選手が不発だと早めに判断して、他の選手の後ろに切り替える）なんて競輪道に反する」とか、「前もってコメントも出さず、いきなり地元勢に競りにいくなんて競輪道がわかっていない」といった具合です。これは、「仲間への裏切りは万死に値する」とか、「敵を後ろから襲ってはいけない」という精神で、武士道から出てきた表現でしょう。

つまり、真剣勝負のなかで礼儀や義理人情、絆を重んじなければいけないという意味が込められているのです。

ただ、僕の視点は少しちがっていて、「競輪道」はひとつではなく、仮に２０００人の選手がいたら２０００通りの〝道〟があるという考え方なのです。もちろん、そこに年齢や級班は関係ありません。ひとつの価値観や考え方を全選手が共有する必要はないと思っています。

それぞれが道を進んでいくなかで、考え方が似た部分を発見したり価値観を共有できたりする選手がいると、それはやはりうれしいもの。それこそ、平原君にはそういうものを感じているし、弟子たちにも同じような感覚を持ってこれからの競輪人生を歩んでいってほしいと願っています。

先行選手なら、自分を信じて付いてくれたラインのみんなが勝機のあるレースをする。追い込み選手なら、ラインの自力選手が一生懸命逃げているのだから簡単に目標を切り替えるのではなく、まずは番手の仕事をしっかりやる。それらは、競輪道という言葉で強制しなくてもあたりまえのことでしょう。

そういったあたりまえの競輪道があるなかで、選手それぞれの競輪道が存在する。その己の競輪道を極めるために、選手たちは競輪に向き合っているのです。

僕の競輪道は、レース前に最善の準備をして、レースでは絶対に手を抜かないということがまず大前提。そして、たとえ目標にした選手が「勝てば何百勝」というメモリアルな状況であっても、抜けるのに抜かないというようなレースはしません。なぜなら、それはひとことで言えば手抜きだし、出来レースのようでファンの人に申し訳ないという思いがあるからです。

その逆も然《しか》りで、僕を抜けるのに抜かないようなレースを他の選手にもしてほしくない。やれるのにやらないということが、僕の競輪道にいちばん反するものなのです。非情に聞こえるかもしれないけれど、そういうシビアな競走を繰り返していくなかで、本当の強さができていくと思うし、似非《えせ》ではない真の絆ができていくと信じています。

絆で成り立つ時代遅れな世界

「競輪とはなにか？」

これが僕にとっていちばん厄介な質問かもしれません。

なぜなら、僕もまだ明確な答えが見つからずにいるからです。もしこれから15年現役で走ることができて還暦を過ぎたとしても、結局わからないでしょう。僕よりも長く現役でいる選手だってその答えは見つかっていないはずです。だから、こうして走り続けている。

苦しい練習を乗り越えるために仲間同士で励まし合い、身のまわりのことまで仲間同士で助け合う。レースにおいては、ときに先輩のために後輩が犠牲になり、ときに後輩のために先輩が落車や失格も覚悟のうえで敵を討ちにいく。コンクリートのバンクに相手を叩《たた》きつけようとする行為は、バーチャルの世界ではなく生身の人間が自転車の上でやっているのです。

スマートさがもてはやされる時代なのに、あまりに時代遅れで泥臭い世界——。そんな世界にいると、日本中から不器用で無骨な男たちが集まってきたかのような錯覚に陥ります。でも、それが競輪という世界なのです。

世の中では、肌のきれいさを自慢する若者が増えるなか、僕のいる競輪の世界では骨折や手術回数、擦過傷の痕《あと》が誇りとされることすらあります。野蛮と言ってしまえばそれまでなのかもしれない。でもやっぱり、こう思うのです。

競輪には人生の縮図が詰まっている。

これほどまでに人間関係がレースに色濃く表れるスポーツは他に存在しません。同期同士や練習仲間の絆、同地区の絆もあれば、師弟関係という切れることのない絆もある。そういうことすべてが車券推理の重要な材料となり、選手間のレースにおける貸し借りまでもが推理のヒントになることさえある。言ってみれば、「選手の人生」すべてが賭けの対象になるのです。

他人とのかかわりが希薄になっている社会とは真逆をいく、どこまでも古臭くて時代遅れな世界――競輪。平成という時代が今年で終わることになり、昭和という時代はもっともっと人々の記憶から遠ざかっていきます。

１９４８年（昭和23年）にはじまった競輪は、まさに激動の時代・昭和に規模を拡大し多くのファンを掴み、平成を迎えてすぐに最盛期を迎えました。そして、平成という時代が進んでいくなかで、時代に取り残されるように勢いを失っていった。昭和的なものが次々となくなっていった平成という時代に、競輪も例に漏れずそんな波に飲まれていきました。

あらゆる事象にどこかのタイミングで揺り戻しがあるように、競輪は新しい元号を迎えることで、再び勢いを取り戻すことができるのでしょうか。その答えは、誰もまだ持っていません。ただ、そこでひとつだけ明確なことは、競輪には古き良き時代にあった人間同士の絆があり、それですべてが成り立っているということです。

本来、人間が持つべきかけがえのないもの、それが僕の大好きな競輪にはある。

競輪は人間の絆で成り立ち、競輪には人生の縮図が詰まっている。

「競輪とはなにか？」という問いに対する答えをいまの僕が出すとしたら、こういうことなのかもしれません。


人生とはなにか、生きるとはなにか。

その答えを探し求めること――。

それが、競輪。

エピローグ――50代になっても一生懸命に競輪をしていたい

GIでの優勝をまた味わってみたい

最近、「競輪関係者以外の人と話をすることが少なくなったな」と感じることがよくあります。むかしは、近所の人と挨拶《あいさつ》をしたり世間話をしたりしましたが、そういうコミュニケーションの機会もだいぶ減りました。

それもそのはず。自宅で過ごす日でも、僕はほとんど練習部屋に籠《こも》ってトレーニングをしているのですから。

とはいえ、いくら練習をやっていても肉体は衰えてきます。それをできるだけリカバーするために、練習量だけなら若いときと同じようにこなせるかもしれない。でも、実際のレースでは同じようにいきません。筋力、動体視力、神経系などの衰えで、30代のころよりも一歩目の反応が遅れてしまうことがよくあるのです。頭と体の動きにコンマ何秒かのズレが生じているのでしょう。

一瞬の反応が遅れてしまえば、結果として余計な脚力も使ってしまう。そうなると当然レースで勝てなくなる。肉体的な衰えに抗《あらが》うことには限界がありますから、それを修正するのはなかなか難しいものです。その原因がどこにあるのかを、いまは必死で研究しているところです。

そんな状況にありながらも、いまの僕には再びGⅠで優勝したいという目標があります。最後のGⅠ優勝は、２０１５年11月の競輪祭（小倉）でした。やはりGⅠで優勝して、堂々とグランプリに出場したいのです。子どものころから人と競い合うスポーツに接してきたし、トーナメントを勝ち上がっていくことの大変さも楽しさも理解している。だからこそ余計にGⅠの優勝にこだわってしまうのかもしれない。「年齢的にも、あと何年その舞台で戦えるのだろう」。そう思えば思うほどに、GⅠでの優勝をまた味わってみたいのです。

現在のGⅠ優勝の最年長記録は、松本整《まつもとひとし》さん（京都45期・現スポーツトレーナー）の45歳。もし僕がその記録を破ることができたらそれはひとつの快挙だし、遅咲きの僕だからこそ意味のあることだとも思えるのです。

時代の変化とともに、競輪を取り巻く状況も変わった

競輪業界全体のことに目を向けると、これまでに計62場つくられたことがある競輪場は現在43場（千葉、熊本は休止中）にまで減りました。

残存している競輪場は、ずっと同じ場所で約70年ものあいだ人々の生活の変化を見届けてきました。近代的な施設に生まれ変わった競輪場もありますが、時代が「昭和」で完全に止まったままの競輪場も数多くあります。今後は減っていくことこそあっても、増えることはないかもしれません。

もう、「飲む、打つ、買う」が男の遊びという時代ではなくなりました。いまの若い子は酒やギャンブルの優先順位は低い、というよりそもそも選択肢としてないのかもしれません。娯楽の選択肢は格段に増え、楽しいことがたくさんある世の中ですから、若い世代におけるファン拡大は簡単ではないでしょう。

そんな時代の変化とともに、競輪界も変わりつつあります。

20年、東京オリンピックの開催が決定したことで、競輪界が以前に増してアスリート化の

流れに向かっています。清潔感のある室内競技場にカラフルな自転車。自転車競技の国際大会が、一部の競輪ファンにも注目されるようになってきました。

僕は出場こそなりませんでしたが、いまの空気は長野オリンピック前にあった盛り上がりと同じようなものだと感じています。自国開催ですから国も選手強化に力を入れますし、候補者たちも気合十分。何人かの競輪選手もオリンピック出場を目指してラストスパートをかけていますが、そんな彼らのことが少し羨《うらや》ましいと思いつつも、一緒に競輪という競技でしのぎを削れることは名誉なことだと感じています。

ぜひとも、オリンピックに出場する競輪選手たちには大活躍をしてもらい、メダルを獲得してほしい。その結果次第では、競輪というプロスポーツにもっと注目が集まるはずです。

ようやく競輪が少しずつわかってきた

ただ、僕も今年で45歳になりました。徐々に成績が下降していくことは避けられないでしょう。でも、そのときの自分にできる最高のパフォーマンスができればいいととらえています。衰えて、自分のランクが下がっていっても、そこで変なプライドは持ちたくない。往年の名選手は、30代半ばから40代前半で引退してしまうことが多かったのですが、僕はデビューがかなり遅かったのでたかだか16年選手。20年、30年と現役を続けている多くの先輩たちからすれば、経験が不足していることはあきらかです。まだまだ学ぶべきことがたくさんあるし、競輪選手としては発展途上にあると思っています。ありがたいことに多くのタイトルにも恵まれましたが、本音を言えばようやく競輪というものが少しずつわかってきたばかりです。

だから、50代になってもいまと変わらないことを続けているように感じるのです。競輪のスタイルが変わっていっても順応していきたいし、それに順応していく自信もある。そして、自分の〝格〟についてのプライドはなくても、「俺は競輪選手だ」というプライドは持ち続けることはできる。

いつまでも泥臭く、一生懸命に競輪をしていたい。一緒に年齢を重ねていくファンの人に「武田が見せる競輪はむかしと変わらないね。いつも頑張っているよね」と評価してもらえたら、それはきっと僕にとっての最高のよろこびでしょう。

そんなことを胸に秘めながら、僕はまだまだ走り続けていくつもりです。

２０１９年４月

競輪選手　武田豊樹

編集協力
岩川悟（合同会社スリップストリーム）
松井律（日刊スポーツ）

Special Thanks
小林万里子
岩川文博

武田豊樹（たけだ・とよき）
1974年、北海道生まれ。幼少期からスピードスケートを始め、学生時代に全国区の選手として活躍した。高校卒業後は、社会人の強豪・王子製紙スケート部に所属。一時スピードスケートから離れ国会議員である橋本聖子の秘書になるも、1998年に現役復帰を果たし2002年のソルトレークシティオリンピックに出場（500メートル8位、1000メートル16位）。同大会後に、競輪選手への転向を決意し88期生として競輪学校に入学した。2003年に29歳でプロデビューしてからは、競輪界のトップレーサーとして数々のタイトルを獲得。KEIRINグランプリ優勝1回、GⅠ優勝7回、GⅡ優勝8回（2019年3月時点）。2018年には、通算10人目となる通算獲得賞金15億円を突破した。日本競輪選手会茨城支部所属。

競輪選手《けいりんせんしゅ》

博打《ばくち》の駒《こま》として生《い》きる

武田豊樹《たけだとよき》

2019年 4 月 10 日　初版発行
2024年 10 月 25 日　4 版発行

発行者　山下直久
発　行　株式会社KADOKAWA
〒102-8177　東京都千代田区富士見 2-13-3
電話　0570-002-301（ナビダイヤル）

装 丁 者　緒方修一（ラーフイン・ワークショップ）
ロゴデザイン　good design company
オビデザイン　Zapp!　白金正之
印 刷 所　株式会社KADOKAWA
製 本 所　株式会社KADOKAWA

角川新書
 ISBN978-4-04-082271-6 C0295

KADOKAWAの新書 好評既刊

1971年の悪霊
堀井憲一郎

昭和から平成、そして新しい時代を迎える日本、しかし現代の日本は1970年代に生まれた思念に覆われ続けている。日本に満ち満ちているやるせない空気の正体は何なのか。若者文化の在り様を丹念に掘り下げ、その源流を探る。

高倉健の身終い
谷 充代

なぜ健さんは黙して逝ったのか。白洲次郎の「葬式無用 戒名不用」、江利チエミとの死別、酒井大阿闍梨の「契り」……。高倉健を最後の撮影現場まで追い続け、ゆかりの人を訪ね歩いた編集者が見た「終」の美学。

巡礼ビジネス
ポップカルチャーが観光資産になる時代
岡本 健

どうしたら「大切な場所」を作ることができるのか？ 市場拡大するアニメ産業から派生した「聖地巡礼」という消費活動。「過度な商業化による弊害」事例も含め、文化と産業が融合したケースを数多く紹介する。

領土消失
規制なき外国人の土地買収
宮本雅史
平野秀樹

世界の国々は、国境沿いは購入できないなど、外国資本の土地買収に規制を設けている。一方で、日本は世界でも稀有な〝オールフリー〟な国だ。土地買収の現場を取材する記者と、各国の制度を調査する研究者が、現状の危うさをうったえる。

なぜ日本だけが成長できないのか
森永卓郎

日本の経済力は約3分の1にまで縮小。原因は「人口減少」や「高齢化」なのか？ いや違う。グローバル資本とその片棒をかつぐ構造改革派が「対米全面服従」を推し進めた結果、日本は転落。格差社会を生み出したのだ。

KADOKAWAの新書 好評既刊

サブカル勃興史
すべては1970年代に始まった

中川右介

2010年代に入ってからウルトラ・シリーズ、仮面ライダー、ガンダム、あるいはベルばら、ポーの一族などが40、50周年を迎えている。逆算すれば分かるが、これらの大半は1970年代に始まったのだ――。

新版　ナチズムとユダヤ人
アイヒマンの人間像

村松　剛

イスラエルに赴いてアイヒマン裁判を直に傍聴してきた著者。彼がハンナ・アーレントの著作発表前、裁判の翌年（1962年）に刊行した本書には、「凡庸な悪・アイヒマン」と、裁判の生々しき様子が描かれている。ベストセラー復刊。

武士の人事

山本博文

長谷川平蔵は「人物は宜しからず」。天明七年、老中首座に任じられた八代将軍吉宗の孫松平定信。賄賂の田沼時代からの脱却を目指す寛政の権力者が集めさせた、江戸役人たちの発言や噂話とは。当時を映す希有な記録『よしの冊子』を読む。

フェイクニュース
新しい戦略的戦争兵器

一田和樹

「ねつ造された報道」などというイメージとは異なり、いまや戦争兵器としての役割をも担うフェイクニュース。国家が本気でその対策を取る時代になっているにもかかわらず、日本では報じられない、その真の姿を描く。

カサンドラ症候群
身近な人がアスペルガーだったら

岡田尊司

ある種の障害や特性により心が通わない夫（または妻）をもったパートナーに生じる心身の不調――カサンドラ症候群。本書ではその概要、症状を紹介するとともに、専門医が最先端の研究から対処法・解決策を示す。

KADOKAWAの新書 好評既刊

いい加減くらいが丁度いい
池田清彦

70歳を過ぎ、定年を迎え、今や立派な老人になったからこそ分かる「言ってはいけない本当のこと」を直言。世の欺瞞に流されず、毎日をダマシダマシ生きるための、ものの見方や考え方のヒントを伝える、池田流「人生の処方箋」。

親鸞と聖徳太子
島田裕巳

日本で一番信者数の多い浄土真宗。宗祖・親鸞の浄土教信仰は法然を師とするが、親鸞の非僧非俗の生き方のモデルは聖徳太子にあった。親鸞が残した和讃や妻・恵信尼の手紙などから、浄土真宗の源流には聖徳太子の存在があることを読み解いていく。

日本型組織の病を考える
村木厚子

財務省の公文書改竄から日大アメフト事件まで、なぜ同じような不祥事が繰り返されるのか？　かつて検察による冤罪に巻き込まれ、その後、厚生労働事務次官まで務めたからこそわかった日本型組織の病の本質とは。

使ってはいけない集団的自衛権
菊池英博

朝鮮半島外交、米中関係などを見誤り、時代遅れの外交政策で孤立する日本。しかし、「でっち上げ」の国難で破滅の道へと向かう現政権。その最たるものが集団的自衛権の行使だ。日本再生のために採るべき策とは？

決定版　部下を伸ばす
佐々木常夫

「働き方改革」の一方で、成果を厳しく問われるという、組織の中間管理職の受難の時代。ますます多様化する部下の力を十二分に発揮させ、部下の意欲を引き出すための方法を余すところなく解説する。